THE HISTORY 세계사 인물 4
헬렌 켈러

THE HISTORY 세계사 인물 4
헬렌 켈러
펴낸날 2024년 10월 23일 1판 1쇄
펴낸이 강진균
글 김종상
그림 이 연
편집·디자인 편집부
마케팅 영업부
제작 강현배
펴낸곳 삼성당
주소 서울시 강남구 선릉로 747 삼성당빌딩 9층
대표 전화 (02)3443-2681 **팩스** (02)3443-2683
출판등록 1968년 10월 1일 제2-187호
ISBN 978-89-14-02182-3 (73990)

본 저작물은 저작권법에 따라 보호를 받는 책이므로 무단 전재와 무단 복제를 금합니다.
※ 파본은 바꾸어 드립니다.

THE HISTORY 세계사 인물 4
헬렌 켈러

차례

영리한 헬렌 …………………………………… 11

헬렌의 장난 …………………………………… 33

설리번 선생님 ………………………………… 50

사랑을 배우고 느끼다 ………………………… 70

고난을 이겨 내고……………………………… 104

헬렌 켈러의 생애 …………………………… 122

헬렌 켈러………………………………………… 123

영리한 헬렌

여러분, 이런 장면을 한번 상상해 보라. 문이 단단히 잠겨진 캄캄한 지하실에 갇힌 자기 자신을…….

한 줄기 빛도 들어오지 않으므로 아무리 두 눈을 뜨고 보려 해도 보이는 것이 없다. 게다가 두 손으로 귀까지 단단히 눌러 본다면 소리 역시 들리지 않는 세계가 될 것이다.

큰 소리로 비명을 질러 보아도 자기가 지르는 목소리조차 들리지 않는다.

애타게 기다려 보지만 누가 와서 도와주는 법도 없다. 대부분의 사람은 이런 경우 정말 미치고 말 것이다.

 이 이야기의 주인공인 헬렌 켈러는 두 살이 채 되기도 전에 그와 같은 세계로 내던져졌다.

 하지만 헬렌 켈러는 실망하지 않았다. 누구에게도 지지 않는 노력으로 열심히 공부하여 마침내 훌륭한 사람이 되었다.

 그리고 자기처럼 어둠과 적막의 세계에 놓여 있는 사람들을 이끌어 주어 '살아 있는 성자'라고 불리게 되었던 것이다.

 미국의 남쪽 지방에 있는 앨라배마주는 멕시코 만으로부터 불어오는 따뜻한 바람 때문에 사람이 살기 좋은 고장이다.

 유럽에서 아메리카 대륙으로 이주해 온 사람들은 이곳을 개척하여 밀과 보리, 채소, 그리고 맛있는 과일들이 생산되는 기름진 땅으로 만들었다.

 또 이곳은 목화와 흑인들이 가장 많은 고장이기도 했다.

 그러한 앨라배마주의 북쪽으로 조금 올라가며 터스컴비

아라는 평화롭고 조용한 마을이 있다.

1880년 6월 27일, 터스컴비아 마을 사람들이 수런수런 이야기를 나누고 있었다.

"켈러 씨 집에 아기가 태어났대요."

"스위스에서 이민 온 켈러 씨 말인가요?"

"네, 푸른 집 말이에요."

"그거 정말 반가운 일이군요. 그토록 손꼽아 기다리던 아기가 태어났으니 얼마나 기쁘겠어요!"

"켈러 씨도 이제는 한시름 놓았을 거예요. 우리 함께 출산을 축하하러 가 봅시다."

마침 하루 일과도 끝난 뒤라서 모두 찬성했다.

마을 사람들은 농장에서 일하던 농기구를 그대로 둔 채 켈러의 집으로 몰려갔다.

켈러의 집이 터스컴비아 마을 사람들로부터 '푸른 집'이라고 불리는 까닭은 작은 나무들과 싱싱한 초록빛 덩굴들이 벽을 둘러싸고 있기 때문이었다.

푸른 집의 주인 아서 켈러는 스위스 인의 자손으로 남북 전쟁 때 남군의 대위였으며, 당시 그 마을의 대지주였다.

그리고 그의 아내 케이트는 버지니아주 초대 주지사의 손녀였다.

켈러는 항상 다른 사람들의 어려움을 해결해 주기 위해 성심껏 노력하는 정의의 용사였으며, 케이트는 젊고 아름다운 데다 착한 마음씨를 가진 사람이었다.

그들이 사는 푸른 집은 주변 경치가 아름답기로 소문이 자자했다. 싱그러운 포도 덩굴이 집을 감싸고 상록수의 잎새 때문에 풋내가 가득했다.

그림 같은 그 집을 찾아간 사람들이 문을 두드리며 다정하게 켈러를 불렀다.

"켈러 씨 계십니까?"

잠시 후, 문을 열고 얼굴을 내민 켈러는 싱글벙글 웃음을 감추지 못했다.

"아기가 태어났다지요?"

"네! 귀여운 여자아이입니다."

"틀림없이 부인을 닮아 예쁠 것 같군요. 헤헤."

"고맙습니다. 저도 아이가 커서 아내와 같은 여자가 되어 주기를 바라고 있습니다."

모든 사람들이 켈러 부부를 진심으로 축하해 주고 나서 집으로 돌아갔다.

"오, 우리 공주님이 예쁘게 잠드셨군."

"여보! 우리 아기한테 어머니의 이름을 붙여 주고 싶어요. 헬렌 마드레드라고요."

서양에선 아기에게 조부모의 이름을 붙이기도 했다. 그래서 켈러는 아기에게 외할머니의 이름을 붙이려 했는데 세례식 때 깜박 잊고 말았다.

"헬렌…… 뭐라고 했는데, 통 생각이 안 나는군요."

"그럼, 헬렌이라고만 하죠. 헬렌 켈러!"

"아! 그럼, 헬렌이라고만 해 주십시오."

헬렌은 부모의 사랑 속에서 커 나갔다.

그러던 어느 날, 케이트는 아기를 안고서 말했다.

"여보, 헬렌은 꼭 사내아이 같아요."

"그럴 리가 있나! 사내아이는 이렇게 귀여운 눈빛을 갖고 있지 않소."

"하지만 이 애는 고집이 아주 센걸요. 크면 어떻게 될까요?"

"아마 말을 타고 온 앨라배마주를 달리겠지."

켈러는 이렇게 말하며 웃었다.

그러나 케이트는 집 안에 들어앉아 아기 시중만 들었기 때문에 누구보다 그 성격을 잘 알고 있었다.

헬렌은 기저귀를 차고 엉금엉금 기어다닐 무렵부터 무엇이든지 갖고 싶은 게 있으면 반드시 자기 것으로 만들었다.

"고집이 무척 센 아이야."

케이트는 이렇게 혼자말했다.

헬렌은 남이 하는 일은 무엇이든지 해 보아야 직성이 풀리는 아이였다.

그뿐 아니라 헬렌은 무척 총명하여 태어난 지 6개월이 지나자 한두 마디씩 말을 하기 시작했다.

"안녕."

"어머, 헬렌이 말을 했어요."

케이트가 기쁨에 겨워 큰 소리로 외쳤다.

켈러 역시 놀라움과 반가움에 어쩔 줄 몰라 했다.

"이 애가 크면 과연 어떤 사람이 될까? 혹시 웅변가가 될지도 모르겠군. 여기저기 초청을 받아서 명연설을 하는 훌륭한 사람 말이야."

켈러는 고사리 같은 손으로 케이트의 가슴을 더듬는 모습만 보아도 사랑스러움에 일손을 놓게 하던 헬렌이 벌써 '안녕'이라는 말을 하자 신비롭게까지 느껴졌다.

그렇듯 똑똑하고 건강한 헬렌이 장차 무서운 불행 속에 놓이게 될 줄은 아무도 몰랐던 것이다.

더구나 켈러의 예상대로 들어맞아 먼 외국까지 두루 돌아다니며 연설을 할 줄이야 누가 생각이나 했을까?

어린 헬렌은 사람만 보면 누구에게나 인사를 했다.

"안녕."

그래서 얼마 안 가 사람들로부터 '영리한 헬렌'이라 애칭을 듣게 되었다. 또한 헬렌이 할 수 있는 말은 점점 많아졌다. 그다음에 헬렌이 배운 것은 '차'라는 말이었다.

이렇게 똑똑히 발음하는 것을 들은 사람들은 헬렌의 영특함에 혀를 내둘렀다.

"헬렌처럼 똑똑한 애는 처음 봐요!"

게다가 헬렌은 첫돌이 지나자마자 걷기 시작했다.

그다음부터 헬렌은 안기는 것이 싫은 듯 이것저것 물건들을 짚어 가며 혼자서 열심히 걸어 다녔다.

켈러와 케이트도 헬렌의 조그만 손을 잡고 뜰을 거니는 것이 무척 즐거웠다.

이 무렵, 헬렌이 태어난 집은 담쟁이덩굴이 벽을 온통 뒤덮고 있었기 때문에 '담쟁이덩굴* 집'이라고 불렸다.

담쟁이덩굴

포도과에 딸린 낙엽 덩굴 식물. 길이가 10미터 이상이나 뻗는데, 잎에는 긴 잎자루가 있고 가장자리에 톱니가 있으며 어긋나게 난다. 6~7월에 황록색의 작은 꽃이 피고 공 모양의 열매가 8~10월에 검게 익는다.

담쟁이덩굴로 덮여 있는 베토벤 박물관

헬렌은 넓은 정원을 걸어 다니면서 꽃을 쳐다보고 새들이 지저귀는 소리에 귀를 기울였다.

그러던 어느 날이었다.

헬렌이 아장아장 걸어서 현관 옆의 노란 장미꽃밭으로 다가가더니 무언가를 자꾸 손짓으로 표현했다. 헬렌이 왜 그러는지 궁금해 한 케이트가 헬렌에게 다가가 보니 허니버드라는 작은 새 한 마리가 장미 가지에 앉아서 재잘거리고 있었다.

케이트가 그 새 이름을 허니버드라고 가르쳐 주자, 헬렌은 곧 그것을 외웠다.

"안녕, 허니버드."

헬렌은 이렇게 말하며 귀여운 손으로 새를 손짓해 불렀다. 그러나 헬렌의 행복은 그리 오래 가지 못했다.

가을 추수를 끝내고 즐거운 크리스마스도 지나가 버리자 본격적인 겨울이 시작되었다.

헬렌이 막 두 살이 되어 가던 어느 날이었다.

여느 때에 비해 아이의 기운이 떨어졌다고 생각한 케이

트는 헬렌의 이마를 짚어 보고 큰 소리로 외쳤다.

"어머나, 열이 대단해요."

"뭐라고?"

"어떡해요?"

"당장 의사를 불러오겠소."

켈러가 황급히 말을 타고 병원으로 가서 의사를 불러왔다.

"따님의 병은 급성 뇌염입니다. 위장도 쇠약해져서 살아날 가망이 거의 없는 것 같습니다."

의사가 절망스러운 표정을 지으며 말했다.

"혹시 완쾌되더라도 지적장애가……?"

"대개는 그렇습니다. 오래도록 병의 영향이 남아 말썽을 피우는 것이죠."

그러나 케이트는 도저히 살아날 가망이 거의 없던 헬렌을 밤새도록 정성껏 간호했다.

"하느님, 우리 헬렌을 살려 주세요."

그러던 어느 날 헬렌의 열이 갑자기 내렸다.

모두가 기적적인 헬렌의 변화를 두고 하느님의 은혜를

입은 덕이라고 생각했다.

 그러나 곧 이 기쁨은 슬픔으로 변했다.

 케이트의 손이 헬렌의 옷을 바꿔 입혀 주려다 그만 미끄러져서 눈동자 위를 스쳐 지나갔다.

 그런데 헬렌은 파란 눈을 부릅뜬 채 깜박거리지도 않았다.

 케이트는 가슴이 섬뜩해져 다시 한 번 헬렌의 눈 앞에서 손을 흔들어 보았지만 여전히 아무런 반응도 없었다.

 "아아! 여보, 큰일 났어요. 헬렌의 이 예쁜 눈이 어떻게 된 모양이에요."

 그 당시에는 누구 한 사람, 의사까지도 헬렌이 불구의 몸이 되어 있을 줄은 생각조차 못했던 것이다.

 "선생님, 제발 이 애의 눈을 치료해 주세요."

 "최선을 다하겠습니다. 그러나 부인, 하느님께 기도하는 것이 가장 좋은 방법일 것 같군요."

 의사는 이 한마디 말을 남기고 돌아가 버렸다.

 케이트의 이야기를 들은 켈러가 헬렌에게 다가가 온

갖 실험을 다 해 보았지만 결과는 마찬가지였다.

"이게 대체 어떻게 된 일일까요?"

"글쎄, 실명하지 않았으면 좋으련만……."

그러나 불행의 조짐은 그것으로 끝나지 않았다.

식사 시간을 알리는 종소리가 났는데도 헬렌은 꼼짝도 하지 않고 있었다.

"오, 귀도 잘 안 들리는 것 아니야? 도대체 무슨 까닭인지 모르겠군."

"안 되겠어요. 빨리 의사를 불러오세요."

의사는 헬렌을 진찰하면서 절망적인 표정을 지었다.

"귀가 안들린다고요? 아, 높은 열 때문에 뇌가 상하고 말았습니다. 이젠 눈이나 귀가 회복될 수 없을 것 같습니다."

"네? 그럼 보지도 듣지도 못한다는 겁니까?"

"안타깝지만…… 그렇습니다."

결국 헬렌은 암흑 속에 갇힌 것이다.

헬렌은 태어나서 겨우 2년쯤 빛을 보았을 뿐이었다. 그것은 너무나 어렸을 때의 일이었다.

헬렌이 자기 집을 볼 수 있고 자유롭게 뛰어놀며 사람들과 말을 할 수 있었던 시간은 과연 얼마나 되었던가!

빛도 소리도 없는 세계에 떨어지고 만 가엾은 헬렌은 이따금 옛날이 그리운 듯 무엇인가 골똘히 생각하는 것 같았다. 하지만 그것도 잠시뿐, 다시 멍한 상태로 되돌아가고 말았다.

다른 사람의 목소리와 이야기를 들을 수 없게 된 헬렌은 옆에서 보기에도 너무 가여웠다.

게다가 헬렌은 마음에 들지 않는 일이 있으면 깜짝 놀랄 만큼 큰 소리로 울곤 했다. 아무것도 볼 수 없게 되고 귀도 들리지 않게 되자 성격이 점점 더 거칠어졌던 것이다.

헬렌은 작은 일에도 몹시 떼를 쓰고 방바닥에 나뒹굴며 마구 큰 소리로 울어댔다.

헬렌의 부모는 너무나 불쌍한 아이를 어떻게 해야 할지 몰라 고민에 휩싸였다.

결국 헬렌은 먹고 잠이나 자는 그런 아이가 되어 버렸다. '안녕'이라는 말도 '차'라는 말도 잊어버렸다. 헬렌이 언제까지나 잊지 않고 기억하는 것은 부모의 얼굴뿐이었다.

 어느 정도 시간이 흐르자, 헬렌은 손짓과 몸짓으로 주위 사람에게 자기가 바라는 것을 알렸다.

 무엇이 먹고 싶을 때면 어머니 곁으로 가 치마를 잡아끌었다.

 "알았다. 헬렌."

 케이트는 언제나 다정스럽게 헬렌의 머리를 쓰다듬으며 음식을 주었다.

 헬렌의 울음소리는 마치 동물이 울부짖는 것 같았다. 그러나 불행 중 다행으로 냄새만은 맡을 수 있었기 때문에 뜰에 나가면 심술이 사라져 명랑하게 뛰어놀았다.

 백합꽃과 장미꽃을 냄새로 분간해 향기 나는 쪽으로 손을 뻗치며 산들바람에 나부끼는 꽃잎도 만질 수 있었기 때문이다.

 그러나 무슨 색깔의 꽃인지 알 수 없었다. 아니, 헬렌은 색이 있는지조차 몰랐다.

 그래도 켈러는 쉬는 틈을 이용해 헬렌과 뜰에서 노는

것이 매우 큰 즐거움이었다.

"헬렌의 머리는 괜찮은가 보오."

"저도 그렇게 생각해요. 같은 또래 아이들과 비교해도 뒤떨어지지 않는 것 같아요."

헬렌의 두뇌는 정상이었다.

그러나 헬렌을 볼 때마다 두 사람의 가슴은 찢어질 듯이 아팠다.

"어디 헬렌의 눈을 고쳐 줄 의사가 없을까? 말 못 하는 병을 고치는 방법은 없을까?"

케이트는 단념할 수가 없어서 여러 가지 책을 구해서 읽었다.

케이트는 디킨스의 『아메리카 이야기』에서 하우 박사가 장애인를 교육한 것을 읽고 나서 무척 기뻐했다.

하지만 하우 박사는 이미 이 세상 사람이 아니었다.

"헬렌이 눈만이라도 보인다면 얼마나 좋을까?"

헬렌은 안경이나 신문을 망가뜨리거나 마구 찢었다.

헬렌은 안경이 글씨를 읽을 때 필요한 물건이고 신문이

세상의 일들을 알려 주는 것이라는 사실을 몰랐던 것이다.

특히 헬렌이 심통을 부리는 건 아버지나 어머니가 다른 사람과 이야기를 하고 있을 때였다.

이런 때는 부엌에서 굽고 있는 빵에다 손을 데는 실수를 하여 작은 소동을 벌이기도 했다.

그럴 때마다 울부짖는 헬렌을 꼭 안아 주든가, 헬렌이 제일 좋아하는 정원에 데리고 가는 사람은 요리를 만들어 주는 흑인 아주머니였다.

그 흑인 아주머니의 딸 마르타는 헬렌보다 나이가 조금 위였는데, 마음씨가 착하고 헬렌과도 마음이 잘 맞아 곧잘 장난을 치며 함께 놀기도 했다.

역사 속으로

미국의 남북 전쟁(1861~1865)

원인

남북 전쟁의 직접적인 원인은 새로 미연방에 편입된 서부 주들에서 노예제를 채택하느냐 하지 않느냐의 문제였다.

남북 전쟁의 원인으로는 정치적, 경제적, 사회적 요인들을 들 수 있다.

첫째, 정치적 원인으로 연방주의와 남북 분리주의의 갈등을 들 수 있다. 이는 먼저 미국의 팽창주의 외교 정책 때문이다. 1840년대 말 미국은 오리건과 캘리포니아를 획득하면서 알래스카를 제외한 현재 미국의 영토를 확보하게 되었다. 그러나 노예제에 대한 사상의 통합이 이루어지지 않은 상태에서 새 영토의 획득은 국론의 분열을 일으켜 남과 북에 의견 대립이 일어났다.

둘째, 경제적 원인으로 자유 무역론과 보호 무역론의 갈등을 들 수 있다. 남부의 주요 산업은 면화 재배였고, 북부와 동부는 제조업과 산업의 중심지였다. 이런 산업 구조로 인해 농업 중심의 남부는 노예제에 대한 의존도가 높았고 원료 생산의 입장에서 자유무역을 지지하였으며, 산업 중심의 북부는 성장하는 상

공업을 위해서는 보호관세가 필요함으로써 대립하는 양상을 보였다.

셋째, 사회적 원인으로 노예제 반대와 찬성에 대한 갈등을 들 수 있다. 먼저 미국의 북부와 남부는 식민지 건설 때부터 종교·경제를 달리하고 있었다. 북부는 건설 단계에서 서유럽 및 북유럽의 이민을 받아들여 혼합 인종의 새로운 미국 민족을 형성하였으나, 남부는 여전히 보수적이며 영국의 전통을 고수하고 있었다. 이러한 민족적 차이로 노예제에 관한 남북 간 사상의 차이도 발생했다.

발발과 경과

1860년의 대통령 선거에서 노예제에 반대하는 링컨이 대통령에 당선되자 이에 반발한 남부의 7개 주(뒤에 4개 주 추가)는 1861년 연방으로부터 분리 독립하여 버지니아의 리치먼드를 수도로 하는 '아메리카 연합'을 조직하였다. 같은 해 4월, 남부가 섬터 요새를 공격함으로써 남북 전쟁이 시작되었다.

남북 전쟁의 진행은 1863년 링컨의 노예 해방령 선포를 기점

으로 남부에 불리해졌다. 이는 국내적으로는 남부인들에게 노예 반란의 위기감을 가중하고, 흑인 노예들의 북부 이탈을 가속했다. 국제적으로는 전쟁의 원인이 남부의 부도덕한 노예제 때문임을 드러냄으로써 유럽의 노예제 반대론자들의 지지를 확보하게 되어 남부를 고립시키는 결과를 가져왔다. 결국 남북 전쟁은 1865년 리치먼드 전투를 마지막으로 남부의 항복을 받음으로써 종결되었다.

결과

전쟁은 예상외로 장기화한 데다가 남북이 입은 인명 피해는 막대하여 전사자가 61만여 명에 이른다. 특히, 패배한 남부는 커다란 타격을 입었다. 남부의 대부분은 황폐해지고, 1863년 1월 1일 발표된 노예 해방 선언으로 그 전통적 경제 구조는 근본적으로 무너졌다. 또 공업에서 앞선 북부의 식민지적 입장에 놓이게 되었다.

헬렌의 장난

 헬렌 켈러의 부모가 푸른 집에서 커다란 새집으로 이사를 가고 나서 얼마 후의 일이었다.
 헬렌은 아무것도 보이지 않고 들리지 않았지만 집 안에 여느 때와는 다른 일이 일어나고 있다는 것을 느꼈다.
 확실히 헬렌이 느낀 그대로였다. 그날 아침, 헬렌의 어머니는 밀드렛이란 헬렌의 여동생을 낳았던 것이다.
 "동생이 태어났기 때문에 헬렌이 자칫 질투심을 느낄지도 모르니 더욱 조심합시다."

켈러는 케이트에게 이렇게 말했다.

하지만 헬렌은 동생의 존재를 알 까닭이 없었다.

아기의 울음소리도 듣지 못하는 헬렌은 단지 손으로 더듬어 그 느낌을 알 수 있는 정도였던 것이다.

헬렌은 작은 침대에서 잠자고 있는 밀드렛의 귀여운 손과 따뜻한 뺨을 만져 보았다.

자신이 늘 갖고 노는 인형인 낸시와도 비슷하다고 느꼈지만, 밀드렛은 따뜻하고 말랑말랑하며 움직이기도 한다는 것을 알았다.

헬렌은 그런 이상한 물체가 침대에 누워 있다는 사실이 마음에 들지 않았다.

그 때문인지 헬렌은 눈에 띄게 사나워졌고 장난도 더욱 심해져 갔다.

어느 날, 부엌 쪽에서 울부짖는 마르타의 목소리가 들려왔다.

"싫어! 싫어!"

케이트가 급히 뛰어가 보았더니, 헬렌이 어디서 들고 왔는지 가위로 마르타의 곱슬머리를 싹둑싹둑 잘라놓았다.

"헬렌, 안 돼."

케이트는 헬렌의 손에서 가위를 빼앗았다.

그러자 어머니의 그런 행동이 분했던지 헬렌은 울부짖기 시작했다.

헬렌 켈러의 동생 밀드렛

"마르타, 용서하거라. 가엾은 헬렌은 아무것도 모른단다."

케이트는 헬렌 대신 마르타에게 사과했다.

마르타는 까만 곱슬머리를 길게 땋아 장밋빛이나 녹색 리본으로 묶는 것을 좋아했기 때문에 머리가 짧게 잘린 것에 대해 무척 슬퍼했다.

헬렌은 어머니에게 꾸중을 들었기 때문에 심술이 잔뜩 나 있었다. 말을 하지 못하니까 더욱 화가 났던 것이다.

헬렌은 인형 낸시를 찾아 들고 앞을 더듬거리며 뜰로 나갔다. 좋은 인형도 많았지만, 헬렌은 오래되어 낡아 버린 낸시가 제일 마음에 들었던 것이다.

 헬렌은 나무 그늘에 그네가 있다는 것을 알고 있었다.

 그런데 어찌 된 일일까?

 낸시를 태우려고 하는데, 늘 비워져 있던 그네 속에 이상한 것이 들어 있었다. 그것은 말랑말랑한 빵처럼 아주 부드럽고 따뜻한 물체였다.

 헬렌이 계속 더듬자 그것이 꿈틀거렸다. 그제야 헬렌은 그 물체가 작은 침대에 뉘어져 있던 것임을 알았다.

 헬렌은 갑자기 화가 나서 그네를 마구 흔들기 시작했다.

 "어머, 헬렌! 헬렌이 아기를 떨어뜨리려 하다니……."

 케이트는 가엾은 헬렌을 꾸짖을 수도 없는 노릇이었다. 왜냐하면 헬렌은 정말 아무것도 모르는 아이였기 때문이었다.

 "빨리 헬렌을 가르쳐 줄 선생님을 찾아야겠어요."

 "우선 헬렌의 눈을 고쳐 줄 의사를 찾아야겠소."

 그러던 중 어떤 사람이 메릴랜드주의 볼티모어*시에 유명한 안과 의사가 있다고 가르쳐 주었다.

그는 다른 병원에서 포기한 환자도 곧잘 고친다고 했다.

"당신은 밀드렛 때문에 그곳까지 가기가 곤란할 테니 내가 대신 따라가 주겠어요."

마침 이웃에 살고 있는 친절한 아주머니가 케이트에게 이렇게 말했다.

그래서 헬렌은 아버지와 그 친절한 아주머니와 함께 볼티모어로 출발하였다.

이때 헬렌은 여섯 살이었다.

예쁜 나들이옷을 입고 리본이 달린 모자를 쓴 헬렌은 아버지와 아주머니의 손을 잡고 영문도 모른 채 기차를 탔다.

케이트는 그 모습을 눈물 어린 눈으로 바라보았다.

"헬렌, 꼭 눈을 고쳐서 기쁜 마음으로 돌아와야 한다."

볼티모어

미국 동부 메릴랜드주의 체서피크만에 깊숙이 자리한 항만 공업 도시이다. 미국의 대서양 연안에서는 뉴욕 다음 가는 무역항으로, 시내에는 존스 홉킨스 대학을 비롯하여 많은 대학과 국제적인 연구 기관이 있다.

헬렌이 치료를 받기 위해 찾았던 볼티모어시의 항만 주변

케이트는 이렇게 말하고 나서 헬렌을 꼭 껴안아 주었다.

헬렌은 기차가 움직이기 시작하자 비로소 이제까지와는 다른 일들이 생기고 있다는 것을 깨달았다.

함께 기차를 타고 가는 사람들도 이 귀여운 여자아이가 시각장애아이자 청각장애아임을 알고는 불쌍하게 여겨 장난감과 과자 등을 주면서 머리를 쓰다듬었다.

헬렌은 승무원과도 곧 친해졌다. 그래서 함께 기차 안을 돌아다니며 빈 상자 구멍을 뚫는 장난도 쳤다.

어떤 아주머니는 헬렌에게 예쁜 조개껍데기를 주었다.

그러자 헬렌은 조개껍데기를 아버지에게 내밀며 구멍을 뚫어 달라고 졸랐다.

아버지는 조심스럽게 구멍을 뚫고 실을 꿰어서 목걸이를 만든 다음 헬렌의 목에 걸어 주었다. 이웃집 아주머니도 헬렌에게 수건으로 예쁜 인형을 만들어 주었다.

그런데 헬렌은 그 인형을 좋아하지 않는 것 같았다. 자꾸만 인형의 얼굴을 만지면서 무슨 말을 하려고 애썼다.

헬렌은 아무도 자기의 마음을 몰라 주자 아주머니의 옷

듣지도 보지도 말하지도 못하는 고통의 세계에 빠져있던 일곱 살 때의 헬렌 켈러

에 달린 구슬을 잡아 뜯었다.

그러고 나서 더듬거리며 그 구슬을 인형의 얼굴에 나란히 놓았다.

"그래, 알겠다! 구슬로 눈을 달아 달라는 거로구나. 이 아이가 다시 볼 수 있도록 빌어 줍시다. 여러분!"

켈러는 마음속으로 뜨거운 눈물이 흘렀다.

'그래, 훌륭한 의사 선생님이라면 헬렌의 눈을 고쳐 줄지도 모른다. 희미하게라도 보이기만 하면 얼마나 좋을까?'

켈러는 기도하는 마음으로 병원에 찾아갔다.

"급성 뇌염을 앓다가 이렇게 되었습니다. 선생님! 꼭 이 아이의 눈을 고쳐 주십시오."

"음……. 안타깝게도 제힘으로는 이 아이의 눈을 고칠 수 없습니다. 아니, 지금의 의학으로는 어디에서도 이 아이의 눈을 고칠 수 없을 것입니다."

켈러는 물론 함께 간 아주머니도 그 말을 듣자 눈앞이 캄캄해졌다.

켈러는 가엾은 헬렌을 가슴에 꼭 껴안았다. 그의 두 눈엔 절망의 눈물이 고여 있었다. 헬렌 일행은 기운 없이 일어서려고 하자, 그 의사는 편지 한 통을 써 주었다.

"알렉산더 그레이엄 벨 박사를 찾아가면 혹시 좋은 방법이 있을지도 모릅니다. 그분은 유명한 학자이자 시각장애아 교육자니까 분명히 좋은 방법을 가르쳐 주실 것입니다."

그리하여 켈러는 다시 한 줄기의 희망을 품고 의사가 써 준 소개장을 가지고 벨 박사가 살고 있는 워싱턴으로 갔다.

그는 1876년에 전화를 발명한 사람으로도 유명했다.

의사의 말대로 벨 박사는 매우 인자했다. 그는 귀여운

벨이 음성 생리학 교수로 재직했던 보스턴 대학교

헬렌의 모습을 보자마자 무릎에 안아 올리면서 부드럽게 뺨을 쓰다듬어 주었다.

헬렌도 인자한 벨 박사와 곧 친해졌다. 하지만 벨 박사는 켈러를 바라보며 매우 미안한 표정을 지으며 말했다.

"나는 전기 치료에 대해 연구를 하고 있지만, 눈이나 귀에 대해서는 아무것도 모릅니다. 그 대신 소개장을 써 드리겠습니다. 그곳에 가셔서 의논하시면 혹시 좋은 방법이 생길지도 모릅니다."

헬렌의 아버지는 또다시 소개장을 받았다.

"벨 박사님, 혹시 여기 적힌 곳이 보스턴의 퍼킨스 시각장애아 학교 아닙니까?"

"알고 계셨습니까? 그곳은 시각장애아들의 교육 전반을 책임지는 훌륭한 학교입니다."

"옛날에 하우 박사가 계셨던 곳이지요?"

"네, 지금은 아그네스 씨가 교장으로 있습니다만 유명한 하우 박사가 그곳에서 아이들을 가르친 적이 있지요. 아그네스 씨도 틀림없이 헬렌을 행복하게 만들어 줄 것입니다."

'벨 박사의 말처럼 하우 박사가 없더라도 퍼킨스 시각장애아 학교라면 틀림없이 헬렌의 행복을 찾아 줄지 모른다. 그렇다! 하루라도 빨리 편지를 보내자.'

이렇게 생각한 켈러는 곧장 워싱턴의 호텔에서 퍼킨스 시각장애아 학교의 아그네스 교장 선생님에게 편지를 썼다.

보지도 듣지도 말하지도 못하는 저의 딸은 고집이 세고 심술이 많습니다. 그러므로 이 여섯 살 난 여자아이에게는 선생님의 도움이 꼭 필요합니다.

켈러는 편지 속에 벨 박사의 소개장을 함께 넣어 부쳤다.

헬렌이 아버지와 함께 따뜻한 앨라배마주의 집으로 돌아오자, 어머니는 반갑게 맞아 주었다.

"케이트, 깜짝 놀랄 만한 이야기를 하리다. 아마 지금쯤 퍼킨스 시각장애아 학교의 아그네스 교장 선생님이 헬렌의 장래에 대해 생각하고 계실 거요. 그러니 헬렌의 일이 잘되도록 기도합시다."

"퍼킨스 시각장애아 학교라고요?"

"벨 박사님께서 보스턴의 퍼킨스 시각장애아 학교를 소개해 주셨소. 하우 박사가 가르쳤다는 바로 그 퍼킨스 시각장애아 학교요."

"여보, 그게 정말이에요? 하느님, 저의 기도를 들어주셔서 감사합니다. 저는 절망에서 살아난 것입니다. 이제 희망을 품겠습니다."

그날부터 켈러와 케이트는 매일 보스턴에서 편지가 오기만을 초조하게 기다렸다.

듣지도 보지도 말하지도 못하는 고통의 세계에 빠져있던 일곱 살 때의 헬렌 켈러

그러던 어느 날, 보스턴의 아그네스 교장 선생님으로부터 기쁜 소식이 전해져 왔다.

마침 댁의 따님 헬렌을 교육할 유능하고 훌륭한 선생님이 한 분 계십니다. 그분을 곧 댁으로 보내 드리겠습니다. 그러나 댁이 너무 먼데다 여러 가지 준비할 것도 있으니 며칠만 기다려 주십시오.

역사 속으로

알렉산더 그레이엄 벨

알렉산더 그레이엄 벨은 영국 스코틀랜드 에든버러에서 알렉산더 멜빌 벨과 일라이저 그레이스 사이먼즈 벨의 둘째 아들로 태어났다. 훗날, 그는 알렉산더 그레이엄이라는 사람에 대한 깊은 존경심 때문에 그가 열한 살 때 그레이엄을 자기 이름에 덧붙였다고 한다. 많은 사람들은 그를 '청각장애인의 아버지'로 불렀다.

사립학교 1년, 에든버러 왕립 고등학교(14세 때 졸업)를 2년 다닌 것과 에든버러 대학교 및 런던 대학교의 유니버시티 칼리지에서 강의를 몇 과목 들은 것을 제외하면 그는 주로 가정교육을 받거나 독학을 했다. 그의 첫 직업은 어린이들에게 음악과 웅변술을 가르치는 일이었으며, 1864년 엘진에 있는 웨스턴 하우스 아카데미의 상근 교사 일을 하기도 했다. 그곳에서 처음으로 소리에 관해 연구했고 교육자·과학자로서의 길을 시작하기도 했다. 1870년 캐나다로 이민 갔으나 1871년에는 미국으로 이주했다.

1871년 벨은 보스턴에 머물면서 청각장애아들에게 말을 가르

치는 수단으로 1866년 『시화법』으로 출판된 그의 아버지의 책을 강연하고 설명했다. 그는 아버지의 연구 결과를 바탕으로 청각장애아들에게 말을 가르칠 수 있음을 보여 주었다. 그의 놀라운 결과에 곧 많은 강연 요청이 뒤따랐다. 1872년 보스턴에서 청각장애아 교사들을 훈련하는 자신의 학교를 세웠고, 그의 팸플릿 〈시화법의 선구자〉를 편집했으며 계속 연구하고 가르쳤다. 그리고 1873년 보스턴 대학교 음성생리학 교수가 되기도 했다. 그와 동시에 전화를 실험하기 시작하여, 1876년 자석식 전화기의 특허를 받았다. 이 전화기는 송수화기가 모두 전자석의 극 근처에 있는 얇은 철판을 진동할 수 있도록 설계한 것으로, 음성이 진동판을 진동시키면, 유도전류에 의하여 수화기 끝에서 음성이 재생된다.

  그는 이 발명을 토대로 1877년 '벨 전화 회사'를 설립하였으며, 1877년 벨은 자기보다 10세 어린 메이벌 허버드와 결혼했다. 그 뒤 워싱턴 D. C.에 거주하면서 광선으로 소리를 전달하는 광전화의 발명으로 통신, 의학 연구, 청각장애아들에게 말을 가르치는 기술 등에 대해 실험했다. 그 결과 1880년 벨은 프랑스로

　부터 볼타상을 받았으며, 거기서 받은 기금으로 볼타 연구소를 창설하여 청각장애아 교육에 전력하였다. 1887년 축음기의 개량, 비행기의 연구, 《사이언스》지의 창간 등 여러 방면에서 큰 업적을 남겼으며, 1882년 미국에 귀화하였다.

　그는 일생 동안 지속된 청각장애아의 원인에 대한 연구 외에 한 연구 주제에 오래 매달리는 인물이 아니었다. 그의 연구 관심들은 정교하게 만드는 것보다는 오히려 기초 원리들에 집중되었기 때문이었다. 때때로 그가 남긴 많은 노트에서 당시 진행되던 연구 주제와는 무관한, 그가 연구하기를 원했던 생각이나 문제들을 생각나게 하는 메모와 기록을 볼 수 있는데, 그의 개념들 중 많은 부분은 오늘날에야 비로소 결실을 맺고 있는 것이 많다. 독자적으로 받은 18개의 특허와 동료와 공동으로 받은 12개의 특허는 그의 광범위한 발명가적 천재성에 비추어 보면 빙산의 일각에 지나지 않는다.

설리번 선생님

 화창한 봄날, 앨라배마주를 달리는 기차 안에는 큰 가방을 든 한 젊은 여자가 타고 있었다. 검소한 옷차림이었지만 깔끔해 보였고 눈빛이 가을 하늘처럼 해맑은 여자였다.
 그녀는 애니 설리번이라는 스무 살의 젊은 선생님이었다.
 어느새 함께 타고 있는 승객들의 눈이 설리번 선생님에게 집중되고 있었다.
 "어디까지 가십니까?"
 옆자리에 앉은 사람이 먼저 물었다.

"터스컴비아란 곳까지 갑니다."

"터스컴비아라면 아직 멀었군요. 집에 돌아가시는 건가요?"

"아닙니다."

"그럼, 여행인가요?"

"그렇지도 않아요. 아마 이제부터 오랫동안 그곳에서 살게 될 것 같습니다."

"아, 그래요……."

 말을 건넨 사람은 고개를 끄덕였지만, 설리번 선생님이 무엇 때문에 터스컴비아까지 가는 것인지 못내 궁금했다.

 창밖에는 전원의 아름다운 경치가 펼쳐져 있었다. 설리번 선생님은 아름다운 경치에 마음을 빼앗긴 듯 차창 밖에서 눈을 뗄 줄 몰랐다. 그때 옆자리에 앉은 사람이 다시 말을 붙여 왔다.

"어디서 오시는 길이죠?"

"보스턴에서요."

"오, 그러면 굉장히 긴 여행이군요. 보스턴에서 터스컴비아까지 가시다니! 터스컴비아에 친척이 계십니까?"

"아닙니다. 그곳에서 일하게 되었어요."

"그럼 취직을 하셨나요?"

"네! 저는 교사예요."

"혹시 선생님은 아일랜드 사람 아닌가요?"

"제 말에 아일랜드 사투리가 섞여 있나요? 물론 저의 부모님은 거기에서 이민 오셨지만……."

"당신의 얼굴 모습을 보고서 그렇게 생각했습니다."

"어머, 그래요?"

"당신 같은 훌륭한 따님을 두어서 당신의 부모님은 정말 기쁘겠군요."

설리번 선생님은 지난날의 가슴 아픈 일들이, 달리는 차창 너머로 주마등처럼 스쳐 갔다.

'나의 부모님은 이 세상에서 가장 불행한 분들이야.'

아메리카 대륙으로 이민 온 설리번 선생님의 아버지는 술만 마시며 싸움을 일삼다가 결국 집을 나가 버렸다.

어머니 역시 곱사등이인 동생 하나를 남기고 눈을 감았다.

그 당시에 열 살이었던 설리번 선생님과 동생을 돌봐 줄 사람은 어디에도 없었다. 그래서 남매는 자선 병원에 들어가게 되었다.

그런데 그 불쌍한 동생마저 상급 학교에 다닐 무렵 짧고 불행한 일생을 마쳤다. 그 후 그녀는 세상에서 아무 데도 의지할 수 없는 외로운 신세가 된 것이었다.

그래서인지 아름다운 경치를 보고 있으면 늘 지난날의 슬픈 일들이 환상처럼 떠올랐다가 사라졌다.

하지만 터스컴비아가 가까워짐에 따라 설리번 선생님의 마음속엔 이제부터 해 나가야 할 일들이 걱정스럽게 떠올랐다.

시각장애아이자 청각장애아인 불행한 아이를 가르치는 중대한 임무가 새삼스럽게 그녀의 어깨를 짓눌렀다.

"그러한 아이를 교육한다는 것은 매우 어려운 일입니다. 그렇기 때문에 우리 퍼킨스 시각장애아 학교를 최고 우등생으로 졸업한 당신에게 가 달라고 부탁을 드리는 것입니다. 당신의 인내력과 열성을 믿기 때문이지요. 이것은 비단 한 여자아이를 구원하는 것에 그치는 것이 아니라 인류를 위해 우리들이 해야 할 의무인 것입니다."

설리번 선생님은 이렇게 말하던 아그네스 교장 선생님의 목소리가 귓전에 생생하게 들려오는 듯했다.

그러나 어린아이인 헬렌은 그날이 어떤 날인지 알 수 없었다. 평생 잊을 수 없는 날이 될 줄은 꿈에도 몰랐던 것이다.

1887년 3월 3일, 설리번 선생님은 목적지인 터스컴비아역에 도착했다. 그리고 미리 준비되어 있던 마차에 올라탔다.

헬렌은 어머니 케이트의 손을 잡고 현관에 서 있었다.

아침부터 온 집안이 술렁거렸고 닫아 두었던 방을 청소하기 위해 일하는 아주머니가 바쁘게 왔다 갔다 하는 것으로 보아 귀한 손님이 초대된다는 것을 헬렌도 어렴풋이 느끼고 있었다.

또한 이윽고 마차가 현관에 닿고 손님이 집 안으로 들어서는 것이 느껴졌다.

마차에서 내린 사람은 바로 설리번 선생님이었다.

설리번 선생님은 기다리고 있던 헬렌의 부모님과 악수하고 인사를 나누었다. 그리고 사방을 두리번거리며 물었다.

"헬렌은 어디 있나요?"

"저기에 서 있는 아이가 바로 헬렌입니다."

"네가 바로 헬렌이구나!"

헬렌은 누군가의 다정한 마음이 전해져 오는 걸 느꼈다.

'응? 분명히 어머니는 아닌데……. 친절한 사람이 또 있나? 이상하다……. 누굴까……. 누굴까?'

"긴 여행으로 피로할 텐데 어서 짐을 풀고 푹 쉬어요."

이튿날 아침이 되자 설리번 선생님은 헬렌을 반갑게 맞았다.

"오, 헬렌. 너 혼자 여길 왔구나."

그리고 나서 설리번 선생님은 헬렌에게 물건 하나를 쥐여 주었다.

그것은 퍼킨스 시각장애아 학교 아이들이 만든 인형이었다.

설리번 선생님은 헬렌의 손바닥에 '인형'이라고 썼다.

그리고 헬렌의 그 손을 인형에 갖다 대었다.

그것이 글자라는 사실을 헬렌은 몰랐던 것이다.

다만 재미있는 장난이라고 생각한 헬렌은 몇 번이고 되풀이해서 써 달라고 졸라댔다. 그래서 마침내 헬렌도 상대방의 손에 '인형'이라는 글자를 쓸 수 있게 되었다.

헬렌은 매우 기뻐하며 어머니에게 달려갔다.

금방 배운 것을 자랑해 보고 싶었던 것이다. 헬렌은 어머니의 손바닥에 '인형'이라고 썼다.

"어머, 헬렌!"

어머니는 헬렌이 대견해서 꼭 껴안아 주었다.

그 후 며칠 만에 헬렌은 '바늘', '모자', '공' 같은 명사와 '앉는다', '서다', '걷다'라는 동사까지 익히게 되었다.

하지만 헬렌은 물건마다 각각의 이름이 정해져 있다는 것과 '앉는다', '서다'가 동사라는 것을 아직 모르고 있었다.

헬렌은 볼 수 없었기 때문에 수화*마저 도움이 되지 못했다.

아무튼 헬렌에 대한 교육은 그렇게 시작되었다.

어느 날, 헬렌은 인형들을 가지고 놀고 있었다. 설리번 선생님은 헬렌의 손바닥에 '인형'이라고 써 보인 다음, 큰 인형이든 작은 인형이든 모두 인형이라고 가르쳤다.

또한 헬렌은 '컵'과 '물'이라는 단어를 배우고 그 철자법

수화

청각장애인의 언어 양식. 손짓을 중심으로 몸의 움직임과 같은 시각적 통로를 이용한 의사소통 방법을 일컫는다. 그러나 헬렌 켈러는 볼 수도 없었기 때문에 수화를 익히는 데 오랜 시간이 걸렸다.

희극 배우인 찰리 채플린과 만나 수화로 대화를 나누는 헬렌 켈러

도 익혔다. 그런데 설리번 선생님이 아무리 정성껏 가르쳐도 헬렌은 틀리게 썼으므로 설리번 선생님은 손에 컵을 쥐여 주고 나서 이것은 '컵'이고 그 안에 든 것은 '물'이라고 되풀이해 써 주었다.

하지만 헬렌은 철자법을 익히는 일에 금방 싫증을 느꼈다.
'망가졌네. 신난다!'
헬렌은 인형이 망가져도 슬퍼할 줄을 몰랐다.
'인형을 사랑할 줄도 모르는구나. 하긴 볼 수도 들을 수도 없으니 그것도 무리는 아니지.'

설리번 선생님은 헬렌의 망가진 인형을 치우고 나서 헬렌에게 모자를 씌워 주었다. 그러자 난폭한 헬렌의 마음은 금세 풀어졌다. 따뜻한 정원으로 놀러 나갈 수 있다는 것을 알았기 때문이었다.

어느 날 설리번 선생님과 헬렌은 정원의 오솔길을 걸어갔다.

4월이 되자, 따뜻한 봄이 찾아왔다. 아지랑이가 피어오르는 들판에는 온갖 꽃들이 만발하고 새들이 즐겁게 노래했다. 헬렌도 아카시아꽃의 향기를 맡으며 마냥 즐거워했다.

 설리번 선생님은 우물가로 가서 차가운 물을 펌프로 퍼 올려 헬렌의 작은 손에 적셔 주었다.

 그리고 헬렌의 손바닥에 '물'이라고 썼다.

 차가운 물이 손에 닿는 순간, 헬렌은 그것이 무엇인지 똑똑히 알았다. 그것은 갈증을 풀어 주고 몸을 씻는 데 꼭 필요한 소중한 물임을 비로소 깨달았던 것이다.

 그제야 헬렌은 '물'이라는 단어와 그 시원함의 의미를 확실히 연관시킬 수 있었다.

 헬렌의 잠들어 있던 영혼이 비로소 눈을 뜨게 된 것이다.

 그 물에 손을 씻고 집으로 돌아온 헬렌은 지금까지 손에 스치던 온갖 물건들이 모두 생명을 가지고 살아 움직인다는 사실을 비로소 알게 되었다.

 헬렌은 조금 전에 망가뜨린 인형을 생각해 내고 설리번 선생님이 치워 둔 그것을 다시 집어 들었다.

 그러고 나서 부수어진 부분을 맞춰 보려고 했지만 뜻대로 될 리가 없었다.

헬렌의 눈에 눈물이 고였다. 난생처음으로 자기가 한 행동에 대해서 뉘우치며 슬픔에 복받쳐 가슴이 터질 듯했다.

하지만 설리번 선생님은 헬렌을 꾸짖지 않고 자기 방으로 데려가 '아버지', '어머니', '선생님'이라는 단어를 차례로 가르쳐 주었다.

지금까지와는 달리 빠른 속도로 그러한 말들이 헬렌의 머릿속에 들어왔다.

설리번 선생님은 따뜻한 마음이 없었던 헬렌에게 인간의 마음을 갖도록 일깨워 주었던 것이다.

헬렌은 사람을 믿어야 한다는 것을 설리번 선생님에 의해 처음 깨달았다.

그 후로 헬렌은 아버지와 어머니를 전보다 훨씬 더 좋아하게 되었다.

'부모님들이야말로 누구보다 나와 친한 사람들이야. 이제부터 모든 일들에 대해 열심히 알아보아야지.'

헬렌과 설리번 선생님의 의사소통은 차츰 더 원활해져 갔다. 겨울이 지나고 다시 화창한 봄이 왔다. 테네시강둑에

다시 파릇파릇한 풀이 돋아났다.

"봄에는 씨를 뿌리고, 가을이면 그 곡식을 거두어들이지. 이처럼 자연은 우리에게 은혜를 베푼단다."

이렇게 설리번 선생님은 헬렌에게 자연의 신비에 대해 가르쳐 주었다.

그리하여 헬렌은 자연을 배우며 성장해 갔다.

돌아오는 동안 헬렌은 자연을 사랑하는 것처럼 동생 밀드렛도 사랑해 주어야 한다는 사실을 깨달았다.

그러던 어느 날, 헬렌은 자연이란 인간에게 언제나 친절하지만은 않다는 것을 알게 되었다.

"저기 집이 보이는구나."

설리번 선생님은 헬렌의 손바닥에 이렇게 써 주었다.

"잠시 쉬고 싶어요."

헬렌도 설리번 선생님의 손바닥에 글씨를 썼다.

그래서 설리번 선생님은 나무 그늘이 드리워져 있는 곳에 헬렌을 앉혔다.

그렇게 하면 시원한 바람이 불어와 기분이 좋아질 것 같았기 때문이었다.

"헬렌, 집에 가서 도시락을 갖고 올게. 혼자 여기에 앉아 있을 수 있겠니?"

설리번 선생님이 헬렌의 손바닥에 글씨를 써서 물었다.

헬렌도 같은 방법으로 대답했다.

"네. 제 걱정 말고 빨리 다녀오세요, 선생님."

그러자 설리번 선생님은 헬렌의 손바닥에 계속해서 다음과 같이 썼다.

"그럼 얌전히 혼자 앉아 있겠다고 약속하거라. 얼른 갔다 올 테니까."

그러고 나서 설리번 선생님은 도시락을 가지고 오기 위해 집으로 갔다.

그런데 나무 그늘에 앉아 있던 헬렌은 갑자기 이상한 느낌이 들었다. 햇빛이 없어진 듯했던 것이다.

헬렌은 여태까지 맑게 개었던 하늘이 갑작스럽게 흐려진 것을 알았다. 그리고 곧 싸늘한 기운이 땅에서 올라왔으므로 몸을 움츠렸다.

헬렌은 폭풍우가 몰아쳐 오리라는 것을 몸으로 느낄 수 있었다.
　그러나 도와 달라고 외치고 싶어도 말을 할 수 없었으며, 집에 가고 싶어도 눈이 보이지 않아 어찌할 수가 없었다. 헬렌은 두려움에 떨며 설리번 선생님이 오기만을 기다렸다.
　순간, 사방이 물속처럼 조용해지는 듯싶더니 나뭇잎들이

동시에 흔들리기 시작했다. 그리고 곧이어 나뭇가지가 부러지는 무서운 폭풍우가 몰려왔다. 헬렌은 꼼짝 못 하고 사납게 퍼부어 대는 비를 맞아야만 했다.

 폭풍우 속에서 헬렌은 어떻게 해야 좋을지 몰라 나뭇가지를 붙든 채 떨고 있었다.

 그때 헬렌이 앉아 있는 근처에서 큰 나뭇가지가 부러졌다. 매우 묵직한 물건이 떨어져 내린 그 느낌에 헬렌은 온

몸이 오싹해졌다.

　그렇게 한동안 공포에 떨던 헬렌의 어깨 위에 누군가가 손을 얹었다. 다름 아닌 설리번 선생님이었다. 헬렌은 설리번 선생님에게 매달리며 손바닥에다 글씨를 썼다.

　'무서워요.'

　그러자 선생님도 서둘러 헬렌의 작은 손바닥에다 글씨를 써서 대답했다.

　"폭풍우야. 그러나 이제는 안심해도 돼."

　그제야 헬렌은 마음이 놓였다. 잠시 후, 소나기는 그쳤다. 이 일로 해서 헬렌은 자연이란 아름답고 따뜻하지만 때로는 인간에게 괴로움을 주기도 한다는 사실을 알게 되었다.

역사 속으로

나이아가라 폭포

헬렌 켈러가 훗날 벨 박사와 함께 방문한 폭포이다. 미국과 캐나다 국경을 따라 흐르는 나이아가라강에 있는 나이아가라 폭포는 세계 3대 폭포 중의 하나이다. 수억 년 전 빙하기의 산물인 이 폭포는 5대호의 하나인 이리호에서 흘러나온 나이아가라강이 온타리오호로 들어가는 도중에 거대한 두 호수의 높이 차이에서 이루어진 것이다. 즉 이리호 호수의 물이 온타리오 호수로 흘러들면서 절벽에 의해 약 50미터의 낙차가 생기는데 이 낙차가 세계 최고의 자연 경관을 만든 것이다.

나이아가라 폭포

인디언은 나이아가라 폭포를 천둥소리를 내는 물이라고 한다. 실제로 나이아가라의 굉음은 하루 중 시간에 따라, 연중 계절에 따라 물소리가 달라진다. 인디언은 이것을 신이 노한 것으로 알

고 매년 아름다운 처녀를 제물로 바쳤다고 한다. 이 전설이 지금도 전해져 내려오는데 가끔 물보라 속에서 제물로 바쳐진 소녀들의 모습을 볼 수 있다고들 한다.

나이아가라는 고트섬을 경계로 미국 폭포와 캐나다 폭포(호스슈 폭포)로 나뉜다. 캐나다 폭포는 폭 800미터, 높이 48미터 매분 1억 5,500만 리터의 물이 낙하하고, 뉴욕주에 속해 있는 미국 폭포는 폭 300미터, 높이 51미터로 매분 1,400만 리터의 물이 흘러내린다. 그래서 이런 이유로 흔히 나이아가라 폭포라 하면 캐나다 폭포를 연상하게 된다.

나이아가라는 마지막 빙하기에 생성된 것으로 추정되는데, 이 폭포는 물줄기의 기세로 매년 평균 1.4센티미터씩 침식을 계속하고 있다. 폭포의 생성기인 빙하 시대에는 지금보다 10킬로미터나 하류에 있었다고 한다.

19세기에 나이아가라는 관광객으로부터 돈을 벌어들이려는 온갖 장사꾼이 모여들었으나 온타리오와 뉴욕 주정부가 이에 개입하여 재정비함으로써 오늘날 전체적으로 아름다운 공원으로 조성되었으며, 국제 관광지로서 세계인의 사랑을 받고 있다.

또한 나이아가라는 아래에서 볼 때와 위에서 볼 때, 그리고 정면에서 볼 때 등 보는 각도에 따라 달리 보여 색다른 감동을 받는다.

나이아가라 절벽

미국 뉴욕주의 워터타운에서 시작되어 캐나다 온타리오주의 매니툴린 섬까지 연장되는 급경사 지형이다. 전체 길이는 1,609킬로미터에 달하며, 서쪽보다 동쪽의 고도가 더 높다. 뉴욕주 워터타운에서는 147미터인데 반해 온타리오주 해밀턴에서는 35미터이다.

나이아가라 절벽은 최근의 빙하 시대 훨씬 전에 형성되었다. 온타리오 남부 지역은 고생대에 이미 육지로 있었으며, 이 지역에서 가장 오래된 암석은 오르도비스기~실루리아기(4억 4천~4억 1천6백만 년 전)에 형성된 것이다. 절벽은 단층선이나 균열대가 아니라 침식에 의해 형성된 것으로 케스타(단단한 암석과 무른 암석이 엇갈려서 층을 이룬 지층이 침식을 달리하여 생긴 지형) 지형의 일부이다.

사랑을 배우고 느끼다

 포도덩굴이 가지를 드리우고 달콤한 장미 향기가 풍겨 오는 여름이 되었다.
 헬렌은 사람들이 살고 있는 세계가 낙원이라고 생각했다.
 이 무렵부터 설리번 선생님은 헬렌에게 짧은 이야기를 해 주기 시작했다. 하지만 손바닥에 글씨를 써서 가르쳤기 때문에 보통 아이들의 경우보다 몇 배나 더 어려웠다.
 다행히 헬렌은 기억력이 좋았기 때문에 설리번 선생님도 아주 열심히 가르쳤다.

미국 엘리베마주 터스컴비아에 있는 헬렌 켈러가 태어난 별채

그러던 어느 날 아침이었다.

'사랑이 뭐예요?'

그때 헬렌은 정원에서 꺾은 꽃으로 작은 꽃다발을 만들어 설리번 선생님에게 주려고 갖고 있었다.

이때 설리번 선생님이 헬렌에게 다가가 입맞춤을 해주었다.

'아니, 이게 무슨 사랑이야?'

헬렌은 어머니가 아닌 사람으로부터 입맞춤을 받아 보지 못해 그런 것이 더욱 싫었다.

설리번 선생님은 꽃다발을 받고 헬렌을 안아 주며 손바

닥에 다음과 같이 썼다.

"나는 헬렌을 사랑해요."

그런 다음 설리번 선생님은 헬렌의 가슴을 손가락으로 살짝 누르며 말했다.

"여기에 사랑이 있는 거야. 아름다운 사랑이!"

헬렌은 손으로 일일이 만져 보고 나서야 사물을 이해할 수 있었기 때문에 '사랑'이란 말의 뜻을 깨닫기가 어려웠던 것이다.

'사랑이란 꽃인가요?'

"아니……."

설리번 선생님은 어떻게 해야 헬렌이 쉽게 이해할 수 있을까 하고 깊이 생각에 잠겼다.

'저 햇빛이 사랑인가요?'

"아니, 사랑이란 비와 같은 거란다. 꽃이나 메마른 땅이 얼마나 비를 좋아하는지 알고 있지? 사랑이란 그렇게 모든 사람을 행복하게 해 주는 것이란다."

'아! 이제야 그 뜻을 어렴풋이 알 듯하구나. 나도 사람들을 돕는 일에 일생을 바쳐야겠어.'

헬렌은 비로소 형태가 없는 명사의 의미까지 알게 되었다.

헬렌이 어느 정도 단어들의 뜻과 철자법을 알았을 무렵, 설리번 선생님은 점자*로 인쇄된 책을 가방에서 꺼내 읽는 방법을 가르쳐 주었다.

그러고는 책을 펼치고 헬렌이 아는 낱말들을 손가락으로 찾아보게 했다.

헬렌은 자기가 아는 낱말을 찾아낼 때마다 무척이나 좋아했다. 이렇게 하여 헬렌은 보통 아이들과 다름없이 아름다운 이야기와 시를 읽으며 여태껏 몰랐던 세계에 눈뜨기 시작했다.

점자

시각 장애인이 사용하는 부호 문자로서 지면에 돌출한 여섯 개의 점으로 짜맞추는데, 각 나라의 문자 특성에 따라 이용되고 있다. 글을 쓸 때는 송곳처럼 생긴 '점필'로 오른쪽에서 왼쪽으로 써 나가며 읽을 때는 뒤집어서 왼쪽부터 읽는다.

점자책의 본문

하지만 헬렌이 지리를 공부하는 것은 매우 어려운 일이었다.

설리번 선생님은 찰흙으로 여러 가지 모양을 만들어 정성스럽게 가르쳤다. 헬렌은 산맥과 호수, 섬 등을 손으로 찾아내며 즐거워했다. 특히 꾸불꾸불 흐르고 있는 강을 더듬었을 때, 이렇게 재미있는 공부는 없다고 생각했다.

그런데 설리번 선생님이 남극과 북극을 나타내기 위해서 오렌지나무의 가지를 꽂아 놓았기 때문에 헬렌은 그 뒤 오랫동안 남극과 북극에도 오렌지나무가 있는 것으로 생각했다.

헬렌은 그 밖에도 자신이 심은 백합이 활짝 피어 향긋한 꽃향기를 풍겨 주거나, 연못가를 걸어가면 물속으로 뛰어드는 개구리 등을 통해서 살아 있는 생물의 생명이란 모두 소중하게 여겨야 한다는 것을 배웠다.

이렇게 매일 열심히 공부하고 있는 헬렌에게 하루는 뜻하지 않은 기쁜 소식이 날아왔다.

"터스컴비아의 초등학교에서 너를 크리스마스 파티에

초대하고 싶다는구나."

설리번 선생님은 손바닥에 이렇게 써 주었다.

헬렌은 이 말을 듣고 매우 기뻐했다.

며칠 후, 헬렌은 설리번 선생님과 함께 학교로 갔다.

헬렌도 커다란 크리스마스트리 주위를 다른 아이들과 함께 춤추며 돌았다.

그렇게 한동안 즐겁게 놀다가 헬렌은 아이들로부터 정성 어린 선물을 받고 기쁜 마음으로 집에 돌아왔다.

그런데 산타클로스 할아버지가 어떤 선물을 주실까 궁금해 밤이 깊었는데도 좀처럼 잠이 오지 않았다.

이튿날 아침 제일 먼저 일어난 것도 헬렌이었다.

크리스마스 트리엔 많은 선물이 매달려 있었다.

"이건 선생님이 주는 선물이야."

'선생님, 고맙습니다.'

"무슨 새가 들어 있는지 알겠니?"

'카나리아요!'

"오! 바로 맞추는구나. 자, 이제 카나리아의 먹이를 주도록 하자."

설리번 선생님은 헬렌에게 설탕에 절인 딸기를 주었다.

"이제부터는 카나리아의 시중을 헬렌이 들어야 해. 카나리아 이름을 뭐라고 지을까?"

'귀여운 팀이라고 하면 좋겠어요.'

카나리아는 그때부터 '귀여운 팀'이라고 불렸다.

그런데 가엾게도 카나리아는 얼마 안 가서 고양이한테 물려 죽고 말았다.

헬렌은 팀의 죽음을 얼마나 슬퍼했는지 모른다.

1888년 5월, 여덟 살이 된 헬렌은 보스턴의 시각장애아 학교에 입학하였다.

"헬렌, 기차를 타고 보스턴에 가야 한다."

설리번 선생님이 손바닥에 글씨를 써 주었다.

'아버지와 함께 가나요?'

헬렌은 2년 전에 아버지와 기차를 타고 워싱턴에 갔던 일을 기억하고 있었다.

"아니, 아버지는 집에 계시고 어머니와 선생님이 헬렌과 함께 가기로 했어."

'밀드렛은요?'

"밀드렛은 이제 아기가 아니니까 우리가 돌아오기를 기다리며 아버지와 함께 집에 있을 거란다."

헬렌은 기차 여행을 한다는 것과 친구들을 만난다는 기쁨에 잠을 이룰 수가 없었다.

2년 전과 달리 헬렌은 더 이상 심술궂고 떼를 잘 쓰는 여자아이가 아니라 얌전한 소녀가 되어 있었다.

기차 안에서도 조용히 의자에 앉아 설리번 선생님이 창밖에 펼쳐지는 경치에 대해 하나하나 손바닥에 써 주는 것을 열심히 상상하고 있었다.

"테네시강이 보인다, 헬렌. 아주 넓은 목화밭이야."

"지금 막 기차가 멈추었단다. 많은 사람들이 내리고 타는 정거장이야."

"헬렌, 사람들이 기차를 향해 손을 흔들고 있어. 방금 과자와 옥수수를 팔러 조그만 소년이 들어왔단다."

"많은 사람들이 기차를 타려고 해. 모두 흑인이야.

아마 먼 곳으로 돈을 벌러 가나 보지?"

헬렌은 집에 있는 친절한 흑인 모녀가 생각나 왠지 슬픈 생각이 들었다.

보스턴의 퍼킨스 시각장애아 학교에 도착한 헬렌은 얼마 지나지 않아 그곳의 아이들과 친해졌다.

그런데 며칠 후, 뜻하지 않은 사건이 일어났다.

헬렌은 기차를 태워 주고 싶어 데리고 온 인형 낸시가 배가 고팠으리라 생각하고 억지로 과자를 먹이려고 했다.

그런데 마침 이것을 본 학교의 청소부 아주머니가 낸시의 더러워진 얼굴을 뜨거운 물로 씻어 주었다. 그랬더니 인형은 얼굴에 발랐던 칠이 벗겨져 목화를 꽁꽁 뭉쳐 만든 본래의 우스꽝스러운 모습이 되고 말았다.

유리로 만든 눈 두 개가 여전히 달려 있었기 망정이지, 그것마저 없었더라면 헬렌은 도저히 그것이 낸시라고 생각하지 못했을 것이다.

헬렌은 퍼킨스 시각장애아 학교의 새로운 식구가 된 다음 터스컴비아의 집과는 또 다른 세계가 있다는 것을 알게 되었다.

 함께 있는 친구들도 앞을 못 보고 말 못 하는 아이들인데 모두 즐겁고 명랑하게 뛰어놀았다.

 헬렌에게는 너무나 즐거운 학교생활이었다. 모든 것이 신기하기만 했다. 선생님을 따라 벙커힐이란 옛 싸움터에 가 처음으로 역사를 배우기도 했다.

 그곳에서 용감히 싸웠다는 옛날 사람들이 마치 눈앞에 서 있는 것 같았다.

 그다음에 헬렌은 배를 타고 플리머스란 곳으로 갔다.

 헬렌은 이 여행이 육지 여행과는 다르다는 것을 깨달았다.

 플리머스 항구엔 청교도인들이 미국에 처음 상륙했다는 기록을 남긴 바위도 있었다.

 설리번 선생님과 헬렌은 브루터 해변에서 여름 방학을 보내기로 했다.

 '여기가 부루터 해변이구나. 아! 물이 차갑고 짭짤하네! 우와! 바다에서 노는 것은 무척 재미있는데?'

 그러던 어느 날, 헬렌이 손으로 만져 보니까 이상한 것이 있어 설리번 선생님에게 물어 보았다.

"그건 게란다."

헬렌은 그 게를 소중하게 그릇에 담아 두었다. 그런데 이튿날 게는 어디론가 가 버리고 없었다.

'불쌍하고 말 못 하는 게를 바다에서 잡아 온 제가 나빴지요, 설리번 선생님? 게도 엄마가 그리워서 집을 찾아갔나 봐요. 무사히 엄마를 만나게 되기를 빌겠어요.'

헬렌은 설리번 선생님에게 이렇게 말했다.

설리번 선생님은 그런 헬렌이 대견스러워 꼭 안아 주었다.

헬렌은 보스턴의 퍼킨스 시각장애아 학교에서 비슷한 처지의 아이들과 함께 공부하다가 그해 겨울 방학을 미국의 북부 지방에서 보내게 되었다.

헬렌이 처음으로 뉴잉글랜드의 마을까지 여행을 갔을 때였다. 그때는 이미 호수가 두꺼운 얼음으로 덮이고, 눈 쌓인 들판이 한없이 펼쳐져 있는 한겨울이었다.

고향인 터스컴비아에는 눈이 오지 않았기 때문에 헬렌은 눈을 맞으며 노는 것이 마냥 즐거웠다.

"헬렌, 지금 나무와 풀들은 하얀 겨울옷을 입고 있단다. 아주 신비로워 보이지?"

설리번 선생님의 말씀을 듣고 헬렌은 나뭇가지를 만져 보았다.

'나뭇잎이 하나도 남아 있지 않네요.'

"그래, 작은 새들도 어디론가 따뜻한 고장을 찾아 떠났지."

설리번 선생님은 이것저것 친절하게 가르쳐 주었다.

벌거숭이가 된 나뭇가지의 새 둥지에는 눈이 소복하게 쌓여 있었다. 또한 작은 나무와 추녀 끝에는 고드름이 주렁주렁 매달려 있었다.

"헬렌, 밖에 나가 볼까?"

헬렌은 설리번 선생님과 함께 밖으로 나갔다. 손을 펴 보니 하늘에서 펑펑 내리는 차가운 것이 만져졌다.

헬렌은 정신없이 그것을 잡으려고 뛰어다녔다. 그 차가운 것은 손뿐 아니라 뺨에도 스쳤다.

"헬렌, 그것이 무엇인지 알겠니?"

'눈이요.'

"맞았어. 그것은 눈이야."

'아, 이것이 바로 책에서 읽었던 눈이란 것이구나.'

눈은 몇 시간 동안 땅 위에 소리 없이 내려와 소복하게 쌓여 갔다.

그리고 밤이 깊어지자 거센 눈보라로 변했다.

 '사람이 걸어 다니는 길이 눈에 파묻히면 어쩌지? 틀림없이 산과 들이 온통 흰 옷을 입었을 거야.'
 눈보라는 사흘 동안이나 심하게 계속되다가 그쳤다.
 '호숫가에 나가 보자. 아, 햇빛이란 눈부신 거로구나. 햇빛이 어둠을 뚫고 들어오는 느낌이 드는걸……"

"헬렌, 여기가 어딘지 아니?"

'네, 여기는 호수 위지요. 신난다!'

헬렌에게 썰매 타기는 그 무엇보다도 재미있고 마음에 들었다. 헬렌이 이처럼 즐겁게 지내던 어느 날, 한 부인이 헬렌을 찾아왔다.

"네가 헬렌이니?"

'네, 제가 헬렌이에요.'

"나는 람손 부인이란다. 너와 비슷한 처지의 노르웨이 소녀가 말을 할 수 있게 되었지. 그러니 너도 말을 할 수 있도록 지금부터 나와 함께 공부하자."

이 말에 헬렌은 기쁨에 겨워 얼굴빛이 달라졌다.

헬렌은 람손 부인이 시키는 대로 자기 손을 부인의 입술 위에 가볍게 갖다 대었다.

"입술의 움직임을 손으로 느껴 본 다음 따라 하거라."

헬렌은 람손 부인이 시키는 대로 몇 번이나 되풀이한 다음 마침내 그것을 구별할 수 있었으며, 자기도 그처럼 입을 놀릴 수 있게 되었다.

지금까지 울 때나 놀랐을 때만 동물의 울음 같은 소리를 내던 헬렌의 발음이 사람답게 변하기 시작했던 것이다.

어느덧 다시 봄이 찾아왔다.

헬렌은 오래전부터 다른 사람들처럼 소리를 내어 이야기하고 싶었다.

그래서 설리번 선생님이 여러 곳에 문의하여 보스턴 청각장애아 학교의 홀라 선생님을 만날 수 있었다.

1890년 3월 26일, 드디어 헬렌은 홀라 선생님으로부터 목소리 내는 방법을 배우기 시작했다. 헬렌은 홀라 선생님의 정성 어린 가르침을 열심히 따랐기 때문에 마침내 간단한 문장을 발음할 수 있는 정도로까지 발전했다.

"오늘은 매우 따뜻한 봄날입니다."

이렇듯 헬렌이 말할 수 있을 때까지는 수많은 어려움이 있었다.

"아…… 아."

"다시!"

말 한마디를 가지고 수십 번씩 되풀이했고, 어려운 말은 며칠씩 걸리기도 했다. 마침내 헬렌은 말을 할 수 있게 되었다.

"나도 말을 할 수 있게 되었어!"

그리하여 헬렌은 터스컴비아로 돌아가게 되었다.

"헬렌, 이제 집으로 돌아갈 준비를 하자."

"네, 선생님. 저도 이제 말할 수 있지요?"

"그럼."

헬렌은 기뻐서 쉴새없이 말을 했다. 터스컴비아 역엔 집안 식구들이 모두 마중 나와 있었다.

"어머니!"

헬렌은 제일 먼저 자기를 포옹해 준 사람을 불러 보았다.

"밀드렛!"

조그맣고 따뜻한 손이 헬렌의 손을 꼭 잡더니 손등에 입맞춤을 했다.

"아버지!"

헬렌은 가만히 서 있는 아버지 역시 알아낼 수

있었다.

　사나이다운 침묵 속에 깊은 애정을 담고 있는 모습이 아련히 떠올랐기 때문이었다.

　"당신은 맛있는 음식을 만들어 주는 고마운 사람!"

　헬렌이 이렇게 말한 사람은 흑인 요리사 아주머니였다.

　집안 식구들은 헬렌이 말하는 것을 보며 기쁨의 눈물을 흘렸다.

　"오, 아가씨!"

　"헬렌…… 네가 말을 하다니……."

　"'산과 언덕이 노래 부르고 나무들이 손뼉 치며 기뻐한다.'는 말을 기억하니?" "네, 그것은 이사야의 말씀입니다."

　헬렌은 성경도 배웠다.

　"마치 이사야의 예언처럼 헬렌도 축복을 받고 있는 거예요."

　"고마워요, 선생님."

　이 말을 듣는 순간 헬렌의 뺨에는 뜨거운 눈물이 흘러내렸다. 오랜만에 집으로 돌아온 헬렌은 마음이 들떠 있었다. 매일매일 설리번 선생님과 함께 산책을 나갔으며, 그전에 공부하던 테네시강과 농장도 돌아봤다.

　헬렌은 매일 딸기를 따고 꽃향기를 맡으며 산책했다.

　그런데 어느 날, 토미라는 네 살짜리 사내아이가 보지도 말하지도 못하는 데다 집이 가난하기 때문에 불행한 생활을 하고 있다는 이야기를 우연히 듣고 몹시 가슴이 아팠다.

　"토미도 책을 읽고 말할 수 있게 해 주세요, 선생님."

　헬렌이 설리번 선생님에게 말했다.

　"가엾기는 하지만, 그러자면 많은 돈이 필요하단다."

　"우리가 구하면 되잖아요."

　헬렌은 자기의 저금통장을 턴 것은 물론, 알고 있는 사람들에게 토미를 도와 달라는 편지를 보냈다.

　헬렌은 이 무렵 편지도 쓸 수 있게 되었던 것이다.

　토미를 돕자는 애틋한 호소가 곳곳에 알려진 후, 헬렌의 집으로 모르는 사람들까지 돈을 부쳐 왔다.

　어느 날, 설리번 선생님이 헬렌에게 편지 한 통을 건네주었다.

　"퍼킨스 시각장애아 학교에서 편지가 왔어요."

그 편지엔 토미를 입학시켜 주겠다는 내용이 적혀 있었다. 헬렌은 남을 도울 수 있다는 기쁨에 어쩔 줄 몰라 했다.

어느덧 즐거웠던 방학이 끝나게 되어, 헬렌은 집안 식구들의 배웅을 받으며 다시 학교로 돌아갔다.

헬렌은 학교에 돌아오자마자 아그네스 교장 선생님을 찾아가서 인사를 드렸다.

"이것은 교장 선생님께 드리는 저의 선물이에요."

"어머, 선물이라니?"

"터스컴비아에서 동화를 하나 써 봤어요."

"오, 그래! 정말 고맙게 읽겠다."

아그네스 교장 선생님은 헬렌이 눈에 띄게 글씨를 잘 쓰는 데다 문장도 무척 훌륭하다고 생각했다.

헬렌이 아그네스 교장 선생님에게 선물한 동화*는 <서리 임금님>이란 제목의 작품이었다.

이 동화는 얼마 후 퍼킨스 시각장애아 학교의 교내 잡지에 실렸다.

"헬렌, 참 재미있었어."

"헬렌, 너는 문장력이 참 좋더구나."

"그래, 헬렌은 이다음에 훌륭한 문학가가 될 거야."

"헬렌, 시각장애인들을 위해 일하는 사람이 되어 줘."

모두 앞다투어 몰려와 헬렌에게 축하해 주었다.

그러던 어느 날이었다.

"아그네스 교장 선생님이 왜 헬렌을 부르실까?"

"설리번 선생님은 밖에 계시고 헬렌 혼자만 들어와요."

교장 선생님은 여느 때와 사뭇 달랐다.

"헬렌! 나는 네가 한 짓에 대하여 정말 부끄럽게 생각한다."

"교장 선생님, 그게 무슨 말씀인가요?"

"너는 어른의 눈을 끝까지 속일 수 있다고 생각하니? 거짓은 언젠가는 드러난단다."

동화

아동 문학의 한 분야이다. 어린이들을 위해 어린이의 마음을 바탕으로 하여 지은 이야기를 말한다. 동화는 크게 <심청전>, <별주부전> 등 전래동화와 마해송이 지은 <어머니의 선물> 같은 창작 동화로 나뉜다.

안데르센의 동화 <미운 오리 새끼>의 한 장면

"저는 선생님의 눈을 속이려고 한 적이 없어요."

"아마도 설리번 선생님이 시켰을 겁니다. 헬렌 혼자의 짓은 아니에요."

이렇게 말한 것은 학교 선생님 중에서 가장 심술이 사나운 늙은 여선생님이었다.

"<서리 임금님>은 네가 쓴 동화가 아니지? 정직하게 사과하면 용서해 주마. 그리고 다음부터는 두 번 다시 그런 짓을 안 하겠다고 맹세해야만 해!"

"도대체 제가 무엇을 속였다는 말씀인가요?"

"아직도 무슨 말인지 모르겠니? 네가 교내 잡지에 발표한 <서리 임금님>은 유명한 소설가의 글과 똑같단 말이야."

"아닙니다!"

헬렌은 울부짖듯이 외쳤다.

"그것은 틀림없이 제가 쓴 동화라고요. 아그네스 교장 선생님께 드리라고 말씀하신 것은 설리번 선생님이지만, 분명히 제가 쓴 거예요!"

"헬렌, 끝까지 고집을 부릴 작정이니? 좋아, 잠시 네 방으로 돌아가 있거라."

헬렌은 복도로 나오자마자 새파랗게 질려서 쓰러지고 말았다.

"어머나, 헬렌!"

헬렌을 안아 일으킨 사람은 설리번 선생님이었다.

설리번 선생님도 헬렌이 쓴 <서리 임금님>이 그 같은 오해를 받은 것에 놀라 깊은 슬픔에 빠졌다.

그것은 분명 헬렌의 작품이었다. 어딘가에 있는 서리 임금이 겨울의 첫 손님으로 서리를 보낸다고 상상했던 것이다.

"그런데 어째서 몰래 베꼈다는 누명을 쓴 것일까?"

설리번 선생님과 헬렌에게는 정말 억울한 누명이었던 것이다.

<서리 임금님> 사건 때문에 헬렌은 점점 우울해졌다.

"헬렌을 집으로 데려가야겠어. 헬렌, 실망하거나 슬퍼해서는 안 돼. 너만 올바르면 되는 거야. 그 글이 너의 글이었다는 것이 증명되도록 더욱 열심히 글을 써야만 한다."

'그래, 이렇게 좌절할 수만은 없어.'

그때부터 헬렌은 글을 써서 언론사에 보냈다.

얼마 뒤 헬렌의 글은 잡지에 실려 헬렌과 같은 특별한 재주를 가진 아이가 아니면 쓰지 못한다는 칭찬을 받았다. 헬렌은 몹시 기뻤다.

그러던 어느 날, 벨 박사로부터 한 통의 편지가 왔다.

헬렌에게.

당신의 글을 잘 읽었습니다. 당신은 <서리 임금님> 사건이 있은 뒤 깊이 있고 생각이 뛰어난 사람이 되었군요. 세상이란 눈만으로 보지 말고 마음속으로도 볼 수 있어야 하는 것입니다. 이제는 당신도 어른이 되어 가며 조금씩 사물에 대해 판단을 할 수 있게 되었다고 여겨집니다. 그러한 점을 느끼게 하는 정말 훌륭한 글이었어요.

설리번 선생님이 읽어 주는 편지의 내용을 듣고 헬렌은 너무나 기뻐서 울었다.

헬렌이 처음으로 유명한 안과 의사를 찾아 볼티모어로

갔을 때, 그 의사로부터 소개를 받은 워싱턴의 벨 박사는 정말 훌륭한 과학자였다.

헬렌은 벨 박사 덕택으로 퍼킨스 시각장애아학교에도 들어갈 수 있었던 것이다. 비록 뜻하지 않은 누명을 쓰고 집에 돌아와 있기는 했지만 퍼킨스 시각장애아학교에서 배운 것은 무엇보다 귀중하고 값진 교훈이었다.

그 편지에는 설리번 선생님과 헬렌에게 나이아가라 폭포를 구경하러 가자는 초청의 말도 적혀 있었다.

나이아가라 폭포는 미국의 미시간주와 캐나다 국경을 흐르고 있는 세인트로렌스강의 유명한 폭포이다. 이 폭포는 밑에서 올려다보는 것이 아니라 위에서 내려다볼 수 있도록 시설이 되어 있었다.

눈도 보이지 않고 귀도 들리지 않는 헬렌이었으나, 폭포 위에 섰을 때 너무나 큰 감동을 받았다.

사방의 공기를 진동시키며 발밑의 대지가 흔들리는 듯하자 헬렌은 깜짝 놀랐다.

"벨 박사님, 나이아가라 폭포의 웅장함이 어느 정도인지 알 것 같아요."

헬렌은 벨 박사에게 이렇게 말했다.

"진작부터 헬렌을 여기에 데려오고 싶었소. 지금 느끼고 있듯이 굉장히 큰 폭포요."

벨 박사도 몹시 기뻐했다.

"많은 사람들은 저에게 이렇게 물었어요. '당신에겐 아름다운 풍경과 음악이 아무 소용이 없겠죠?'라고요. 물론 저는 파도가 넘실거리며 밀려오는 바다의 풍경을 볼 수 없고 그 소리도 들리지 않아요. 하지만 꼭 듣고 보아야만 한다고 생각하지는 않아요. 눈이 보이지 않고 귀가 들리지 않아도 사물의 본질을 똑똑히 이해하면 무엇이든지 느낄 수 있다고 생각해요."

헬렌의 말은 벨 박사에게 깊은 감동을 주었다.

헬렌은 <서리 임금님> 사건으로 실망했던 마음을 추스르고 더욱 명랑해졌다.

이 무렵, 헬렌은 시카고에서 열리는 박람회 구

경을 갔다.

그곳에선 헬렌에게만 세계 각국에서 온 진기한 물건들을 만져 볼 수 있는 기회를 주었다.

이때 문득 헬렌이 설리번 선생님에게 말했다.

"선생님, 터스컴비아에 도서관을 세우고 싶어요."

"도서관이라니?"

"저는 불행한 사람들을 위해서 일해야 한다고 믿어요. 터스컴비아는 인구가 겨우 3천 명 정도지만, 그 반은 흑인이죠. 그 사람들도 자유롭게 공부할 수 있도록 돈을 내지 않고 들어갈 수 있는 도서관을 만들자는 거예요."

헬렌은 일단 말을 꺼내면 곧 시작해야 하는 성미를 지녔다.

이것이 장차 앞을 못 보는 사람이나 말 못 하는 사람들을 위해 사회사업을 시작하는 헬렌의 첫발이었다.

역사 속으로

장애인 복지 정책의 역사

헬렌 켈러는 자신도 장애인이었으면서도 시각장애인과 청각 장애아 등 장애인들을 위한 복지 사업에 평생을 바쳤다. 그녀는 자신과 같은 정상적이지 못한 사람들이 어둠과 절망 속에서도 희망을 잃지 않고 살 수 있도록 노력했다.

따라서 헬렌 켈러가 노력했던 장애인 복지란 어떤 것이며 장애인을 위한 사업으로는 어떤 것이 있는지 알아보는 것이 장애인을 이해하는 데 도움이 될 것이다.

장애인이란 정신적·육체적 결함으로 오랫동안 사회생활에 제약을 받는 사람을 말한다. 즉 시각, 청각, 언어 지체, 정신 지체 등 어느 한 곳의 결함으로 일상생활이나 사회생활이 어려운 사람이다.

이런 장애인은 스스로 생활을 영위하는 데 장애가 없는 사람보다 자활 능력이 떨어질 수밖에 없다. 따라서 장애인을 대상으로 한 사회 복지 정책을 마련한 나라가 많은데 이것을 '장애인 복지'라 한다.

　사실 옛날에는 장애인이라면 단순히 불쌍한 사람 정도로 생각했던 것이 고작이었다. 그러나 제2차 세계 대전 이후로 자본주의 국가의 복지 정책을 도입하면서 장애인에 대한 관심이 높아졌다.

　근래엔 선천성 장애뿐만 아니라 공업의 발달로 인한 노동 재해와 전쟁으로 인한 전쟁 장애인이 급격히 늘어났다. 그래서 그들의 생활 유지와 사회 복귀 문제가 대두되었고 장애인 복지 정책이 국가적인 차원에서 언급되기 시작했다. 그러나 아직도 장애인이라면 단순히 차별하고 멸시하는 의식이 남아 있고 부정적인 생각을 가진 사람이 많아 장애인 복지 정책에 걸림돌이 되고 있다. 이에 따라 '정신적 지체자의 인권 선언'과 '장애인의 권리 선언' 등이 채택되었으며, '국제 장애인의 해'를 선포하고 장애인에 대한 생각의 전환이 이루어지면서 장애인 복지가 급속히 개선되었다.

　나아가 우리나라도 '장애인복지법'과 '장애인 고용 촉진 등에 관한 법률'이 제정되어 법적으로 장애인 복지 정책이 실시되고

있다. 장애인도 정상인처럼 사회를 구성하고 있는 일원이므로 사회의 모든 분야에서 참여의 기회가 주어져야 한다. 따라서 이런 법은 장애인이 장애를 극복하고 사회에 참여할 수 있도록 지원하기 위해서 마련된 것이다.

'장애인복지법'에는 장애 발생의 예방과 의료 및 보호, 장애인에 대한 교육과 직업 지도 등 복지 시책에 대한 교육이 있다. 또 장애인의 등록·재활·상담·생업 지원 등 복지 조치에 관한 것, 장애인 복지 시설·장애인 단체의 지원 등의 규정을 정해 놓고 있다. '장애인 고용 촉진 등에 관한 법률'은 장애인이 능력에 맞는 직업을 가지고 인간다운 생활을 영위하도록 돕기 위한 것이다. 이 법에는 공무원의 경우는 정원의 2퍼센트 이상, 일반 사업장은 근로자 총수의 1~5퍼센트 내에서 대통령이 정한 기준 고용률 이상을 고용하도록 되어 있다. 이에 부족할 때는 장애인 고용 부담금을 내야 한다.

고난을 이겨 내고

1893년, 헬렌은 여행과 도서관 건립 운동 등으로 매우 바쁜 나날을 보냈다. 그해 가을에 헬렌은 설리번 선생님과 함께 풀턴으로 갔다. 라틴어를 잘 가르치기로 유명한 아이언 선생님의 가르침을 받기 위해서였다.

헬렌은 수학을 아주 싫어했는데 아이언 선생님은 수학이란 얼마든지 재미있는 과목이 될 수 있다고 격려했다.

또한 시 구성이나 아름다운 말의 사용법을 연구하도록 적극적으로 지도했다.

점자를 읽고 있는 서른한 살 때의 헬렌 켈러

헬렌은 이런 과목들을 열심히 공부하여 라이트 해머슨 청각장애아 학교에 입학했다.

이 학교는 언어 장애인들의 발음법을 연구하는 곳이다. 헬렌은 그곳에서 여러 학문을 두루 배웠다.

그리하여 그녀의 어휘력은 매우 발전했다.

마침내 피나는 노력이 열매를 맺는 기쁜 날이 왔다.

헬렌은 세인트클레어에서 열린 전국 청각장애아 학교 대회에서 연설을 하게 되었던 것이다.

헬렌은 그 당시 열여섯 살의 어린 소녀였다. 보통 사람이라도 그렇게 많은 사람들 앞에서 연설하기란 어려운 일이다. 그런데 보지도 듣지도 못하는 어린 소녀가 당당하게 다음과 같은 연설을 했으니 그 많은 청중들이 얼마나 감격했겠는가!

오늘 여러분 앞에 서서 이와 같이 이야기할 수 있는 저의 기쁨은 이루 말할 수 없이 큽니다. 말 못 하는 사람들에게 있어서 이야기를 하게 된다는 것이 얼마나 가치 있는 일인지, 여러분도 충분히 짐작하실 것입니다. 그리고 이 넓은 세상에 헤아릴 수 없을 만큼 많은 듣지도 말하지도 못하는 아이들에게 말할 수 있는 기회를 달라는 제 소원에 공감해 주실 것입니다.

이렇게 연설을 시작한 헬렌은 다른 사람들과 뜻이 통하지 않는 암흑의 세계에서 자기가 어떻게 광명을 찾을 수 있었는지 자세히 설명했다. 그리고 자신이 경험을 통해 얻은 행복과 기쁨을 듣지도 말하지도 못하는 모든 사람들에게 맛보게 해 주고 싶다며 다음과 같이 끝을 맺었다.

나는 말을 하고 싶어 하는 사람들과 그것을 가르치는 분들에게 다음과 같이 이야기하고 싶습니다.

기운을 내십시오. 오늘의 실패를 걱정하지 마시고 내일 올지도 모르는 성공을 생각하십시오. 당신들은 참으로 어려운 일을 하고 있는 것입니다. 그러나 참고 노력한다면 반드시 이루어질 것입니다. 고난을 극복할 수 있는 힘을 찾게 되고, 실제로 올라가 보지 못하면 결코 느낄 수 없는 기쁨을 맛볼 수 있을 것입니다. 만일 우리들이 걸어가고 있는 길이 언제나 편안하고 즐겁기만 하다면 결코 그러한 기쁨을 느낄 수 없을 것입니다. 아름다운 것을 자기 것으로 만들고자 하는 노력은 결코 헛되게 끝나지 않는다는 점을 기억해 주십시오.

그러면 언젠가는 우리들이 구하는 것을 반드시 발견할 수 있을 것입니다. 우리들은 이야기할 수 있습니다. 또 노래 부를 수도 있습니다. 하느님께서는 우리 모두가 말을 하고 노래 부르기를 바라고 계시기 때문입니다.

이와 같이 1896년은 헬렌에게 있어서 기쁜 해였지만, 한편으로는 말할 수 없이 슬픈 해이기도 했다.

그해 8월, 아버지가 돌아가셨다는 슬픈 소식을 전해 들었던 것이다. 헬렌의 슬픔은 이루 말할 수 없이 컸다.

그러나 헬렌은 아버지를 여읜 슬픔에 언제까지나 잠겨 있을 수 많은 없었다.

1896년 10월, 헬렌은 하버드대학교의 여자부인 래드클리프 여자 대학에 들어가기 위해 열심히 공부해야 했다. 헬렌이 일반 학생들과 공부를 하게 되는 것은 이때가 처음이었다.

얼마 후, 헬렌은 래드클리프 여자 대학에 입학하기 위한 예비 시험을 치렀다. 래드클리프 대학의 시험은 어렵고 까다로웠다.

시험은 모두 열여섯 과목을 치렀는데, 전 과목의 성적이 60점 이상 되지 않으면 들어갈 수 없게 되어 있었다.

헬렌은 일반 학생들과는 달리 타자기를 사용했기 때문에 옆사람에게 방해가 되지 않기 위해서 홀로 다른 교실에 들어가 시험을 보아야 했다.

시험 규정이 어찌나 까다롭던지 헬렌이 아는 사람은 한 사람도 가까이 갈 수가 없었다. 그 방에는 시험 감독 이외에 헬렌에게 문제를 알려 줄 퍼킨스 시각장애아 학교의 낯선 선생님 한 분만이 들어갈 수 있었다.

하지만 헬렌은 전 과목에 걸쳐 좋은 점수로 합격했다. 특히 독일어와 영문학에서는 최고 점수를 얻었다.

드디어 1899년 6월 29일, 래드클리프 여자 대학의 본 시험이 있었다. 이 시험은 예비 시험보다 몇 배나 더 어려웠다.

헬렌은 동정을 받기는커녕 보통 학생들보다 더 많은 제약을 받았기 때문에 좁은 문이 한층 더 좁아진 셈이었다.

그럼에도 불구하고 헬렌은 전 과목에 합격하여 영광스러운 대학생이 될 자격을 얻었다.

그러나 대학에 들어가기 전에 기본적인 교육을 1년 정도 더 하는 것이 좋겠다고 생각하여 이듬해 가을에야 비로소 입학하게 되었다.

마침내 온갖 어려움을 이기고 미국 최고의 교육을 받으

헬렌은 1904년 스물네 살의 나이로 영광스러운 문학사가 되었다.

그것도 가장 좋은 성적으로 졸업했던 것이다.

게다가 더욱 놀라운 일은 대학 생활 동안 남의 도움 없이 자기가 학비를 벌었다는 점이다. 틈틈이 쓴 원고료로 생활하고 있는 헬렌에게 자선가 카네기는 몇 번이나 학비를 대 주겠다고 말했다.

래드클리프 대학의 가운을 입고 있는 헬렌 켈러

하지만 헬렌은 다른 사람들의 도움을 거절했다. 자기 힘이 미치는 한 어떠한 도움도 받고 싶지 않았기 때문이었다.

헬렌은 불행한 사람들을 위한 일이라면 아무리 학교 공부가 바쁠 때라도 원고를 쓰고 강연을 했다. 그리하여 대학을 졸업할 무렵에는 이미 어엿한 숙녀 헬렌 켈러로서 그

이름이 외국에까지 알려지게 되었다. 그리고 원고료와 강연료 등으로 상당한 재산도 모았다.

1905년 헬렌은 랜섬에 토지가 딸린 넓은 집을 사서 설리번 선생님과 함께 살기로 했다. 그곳엔 아름다운 숲이 있고 자그마한 호수도 있어서 헬렌에게는 천국과도 같았다.

그해 봄, 오로지 헬렌만을 위해 생활해 온 설리번 선생님이 메이시라는 사람과 결혼했다.

설리번 못지않게 남편 메이시 또한 친절한 사람이었다.

메이시는 시사 문제나 과학 이야기, 그리고 새로운 문학 관련 이야기도 알기 쉽게 풀이해서 들려주었다.

만일 헬렌이 랜섬에서 글이나 쓰면서 지냈더라면 더없이 편안한 일생을 보낼 수 있었을 것이다.

'설리번 선생님과 만난 지도 벌써 18년이 지났구나. 이 세월은 우리에게 싸움의 연속이었어.'

그래서 피로에 지친 설리번 선생님은 휴양을 했고 헬렌도 잠시 쉬었다.

그동안 헬렌은 자신이 앞으로 할 일을 생각했다.

'미국 시각장애인 교육의 문제점은 시각장애인에 대한 통계가 없고 시각장애아 학교가 있지만, 시설이 완벽한 학교가 없다는 사실이야. 보고 있을 수만은 없지. 시각장애인 교육 기관을 통일하고 발전시키는 데 내 삶을 바쳐야겠어.'

그때부터 헬렌은 시각장애인 구제를 위한 일에 온 정성을 쏟았다.

"저렇게 천한 일을 하는 것은 남에게 보이기 위한 속셈이다."

때로는 사람들로부터 이런 비난까지 받았다. 그러나 헬렌은 조금도 물러서지 않았다. 여러 지면에 시각장애인에 관한 수준 높은 논문을 써서 큰 관심을 불러일으켰다.

1914년 10월, 헬렌은 어머니의 건강이 나빠져 폴리 톰슨이라는 여자를 비서로 삼아 함께 살게 되었다.

다행스럽게도 톰슨은 머리가 아주 좋았다. 그녀는 곧 헬렌과 자유롭게 이야기할 수 있는 방법도 터득했다. 이 덕분에 밤낮을 가리지 않고 헬렌의 눈과 귀가 되어 많은 도움을 주었던 설리번 선생님에게 조금씩 쉴 수 있는 시간이 주어졌다.

이때부터 세 사람은 한 몸이 되어 어려운 사람들을 위하여 많은 일을 했다.

그러나 서른여덟 살 때 헬렌에게는 또 다른 슬픔이 닥쳤다.

오랜 세월을 함께한 어머니의 죽음은 그녀에게 큰 슬픔을 가져다주었다.

그러나 헬렌은 슬픔을 딛고 더욱더 열심히 일했다.

헬렌은 시각장애인을 위한 주립 도서관을 세웠다.

그곳의 모든 자료들은 점자판으로 만들어졌다.

그리고 헬렌은 전국을 돌며 연설도 했다.

이런 헬렌의 박애 정신은 전 세계로 퍼져 나갔고, 전 세계 시각장애인들에게 큰 용기를 주었다.

그 후 헬렌은 스코틀랜드로 떠났다. 그러자 영국 왕은 극진한 대접을 해 주었다.

헬렌 켈러는 설리번 선생님이 편안하게 휴식을 취할 수 있도록 스코틀랜드에 있는 한적한 농가를 빌려 평화스러

스코틀랜드 에딘버러성

운 전원생활을 즐겼다.

그러던 어느 날, 설리번 선생님의 남편이 죽었다는 전보가 날아왔다.

설리번 선생님은 심한 충격을 받고 몸져눕게 되었다. 설리번 선생님의 남편 메이시는 1914년 이래 문학청년처럼 20여 년 동안 방랑 생활을 하다가 객지에서 세상을 떠난 것이었다.

얼마 후, 설리번 선생님은 눈까지 안 보이게 되었다. 어릴 때 수술을 받았던 눈이 과로와 심한 충격으로 나빠져 오히려 헬렌 켈러로부터 점자를 배우게 되었다.

1936년 10월, 또다시 헬렌에게 슬픈 일이 생겼다. 설리번 선생님이 헬렌 켈러의 정성 어린 간호에도 불구하고 조용히 숨을 거두고 말았던 것이다.

헬렌이 그나마 행복하게 살 수 있었던 것은 설리번 선생님 덕분이었다. 그것을 생각할수록 헬렌은 선생님이 너무도 고마워서 더욱 슬퍼졌다.

이때 설리번 선생님의 나이는 일흔여섯 살, 헬렌 켈러는 쉰여섯 살이었다.

'하루하루가 마냥 헛되고 괴로울 뿐 즐거움이나 희망은 찾아볼 수 없구나…….'

헬렌 켈러는 허전한 마음을 누를 길이 없어 이렇게 탄식하며 슬퍼했다. 설리번 선생님과의 이별은 너무나 큰 슬픔이었다.

설리번 선생님의 유해는 그해 11월 3일, 워싱턴에 있는 내셔널 묘지에 고이 묻혔다.

헬렌 켈러가 얼마만큼 인류를 사랑했느냐 하는 것은 흑인에 대한 그녀의 태도에서 잘 알 수 있다.

흑인을 천대하던 시대에 자라난 헬렌인데도 결코 인종 차별을 하지 않았다.

하루는 남부의 어떤 도시에서 강연을 하게 되었다. 강연회는 대성황이었으나 여전히 백인들만의 모임이었다.

헬렌은 이 점을 유감스럽게 생각하여 강연회가 끝난 후 스스로 흑인들이 다니는 학교에 다시 강연을 하러 가겠다고 나섰다.

이 소식을 들은 수많은 흑인들은 감격해하며 모두 학교로 모여들었다.

강연이 끝나고 나서 한 흑인 소녀가 감사의 꽃다발을 바쳤다. 그러자 헬렌은 청중들을 향해 이렇게 말했다.

"내가 어렸을 때 우리 집의 요리사, 유모, 하녀는 모두 다 흑인이었습니다. 그 사람들은 친절하고 좋은 분들이었죠. 나는 그분들에게 얼마나 많은 은혜를 입었는지 모릅니다. 특히 굉장히 똑똑했던 요리사의 딸 마르타는 어린 시절 둘도 없는 친구였습니다. 그래서 나는 늘 당신들을 백인과 똑같이 사랑하고 있답니다."

이토록 인정이 넘치는 답사가 끝나자, 흑인들은 너나없이 흐느껴 울었다.

 또다시 세월은 흘러 헬렌 켈러에게 크나큰 슬픔과 기쁨이 엇갈리는 1960년이 되었다.

 그해 3월에 40여 년 동안이나 헬렌의 손과 발이 되어 준 톰슨이 세상을 떠났다.

 그리고 그 슬픔이 채 가시기도 전에 헬렌은 80회 생일을 맞이하게 되었다.

 이날을 기념하여 헬렌이 이사장으로 있는 미국의 해외 시각장애인 연맹이 성대한 생일 축하 연회를 열었는데, 전 세계에서 온 축전과 선물이 산더미처럼 쌓였다.

 그리고 이날, 시각장애인들을 돕기 위한 '헬렌 켈러 여든 살 기념재단'과 '헬렌 켈러 국제상'이 만들어졌다.

 이것은 시각장애인을 위해 공헌한 개인이나 단체에 해마다 주는 상이다.

 그 후 헬렌 켈러는 코네티컷주의 앤칼리지의 울창한 숲 속에서 살았다.

헬렌과 대화를 나누는 설리번 선생님과 벨 박사(왼쪽)

'비로소 휴식과 고요를 찾았구나. 하지만 나는 아직 할 일이 많다. 내가 받은 행복의 대가를 그들에게 반드시 돌려주어야만 한다.'

그럴 때마다 헬렌은 느리지만 여전히 힘 있는 발걸음을 2층 서재로 옮겨 글을 썼다.

그러나 1966년, 여든여섯 살이 된 헬렌은 점점 건강이 악화하여 가끔 자리에 눕기까지 했다.

고요하고 아름다운 숲속에서 전 세계 장애인들의 행복을

기원하며 남은 삶을 보내던 헬렌은 마침내 1968년 6월 1일, 이스턴 시 교외에 있는 자택에서 88회 생일을 며칠 앞두고 심장 마비로 조용히 숨을 거두었다.

헬렌은 생전에 동양에도 세 번 왔는데, 우리나라를 방문하여 감격스러운 강연을 하기도 했다.

전화를 발명한 벨 박사와 대화를 나누고 있는 헬렌 켈러

20세기 영국의 가장 뛰어난 극작가인 버나드 쇼는 헬렌 켈러를 가리켜 이렇게 말했다.

"헬렌 켈러는 20세기의 기적이다. 그녀야말로 20세기의 가장 위대한 위인이다."

헬렌 켈러의 생애

　어린 시절에 열병을 앓아 볼 수도 들을 수도, 말할 수도 없게 되어 버린 헬렌 켈러는 불굴의 의지로 이 엄청난 불행을 극복하였다. 또한 그녀는 여기에서 멈추지 않고 자신과 같은 장애인들의 복지를 위해 끊임없이 노력한 20세기의 성자였다.

헬렌 켈러
(Helen Adams Kelle 1880 ~1968)

1880년
미국 앨라배마주에서 태어났다. 두 살 때인 1882년 열병에 걸려 시청각장애인이 되었다.

1887년
일곱 살 때부터 설리번 선생님에게 교육을 받으면서 인생을 경험하게 되었다. 1888년에는 보스턴에 있는 퍼킨스 학원에 입학했다.

1890년
홀라 선생님에게 발성법을 배웠다. 1894년에는 라이트 해머슨 청각장애아 학교에 입학했다.

1899년
하버드 대학 입학시험에 합격해 이듬해인 1900년에 입학했다.

1902년
『나의 생애』라는 책을 지었으며 1904년에 세계 최초의 대학교육을 받은 시청각 장애인으로서 영예로운 졸업을 했다.

1906년
매사추세츠주 시각장애인 구제과 의원으로 임명되었다.

1918년
헬렌 켈러의 자서전이 <해방>이라는 제목의 영화로 만들어졌다. 1924년부터는 미국 시각장애인 협회에도 관계하는 한편, 미국은 물론 해외로 강연 여행을 다니면서 사회 복지 시설의 개선을 위한 기금을 모았다.

1931년
템플 대학에서 명예 박사 학위를 받았다. 그 후 1937년 한국을 방문했다.

1960년
헬렌 켈러 국제상이 제정되었다.

1968년
6월 1일, 이스턴시에서 세상을 떠났다.